中国生产性服务贸易与制造业联动效应研究

张　昕 ◎著

中国财经出版传媒集团

经济科学出版社
Economic Science Press

图书在版编目（CIP）数据

中国生产性服务贸易与制造业联动效应研究/张昕
著．－－北京：经济科学出版社，2022.11
ISBN 978 – 7 – 5218 – 4211 – 1

Ⅰ．①中…　Ⅱ．①张…　Ⅲ．①服务贸易 – 贸易发展 –
研究 – 中国②制造工业 – 产业发展 – 研究 – 中国　Ⅳ．
①F752.68②F426.4

中国版本图书馆 CIP 数据核字（2022）第 209716 号

责任编辑：李　雪
责任校对：刘　娅
责任印制：邱　天

中国生产性服务贸易与制造业联动效应研究

ZHONGGUO SHENGCHANXING FUWU MAOYI YU ZHIZAOYE LIANDONG XIAOYING YANJIU

张　昕　著

经济科学出版社出版、发行　新华书店经销
社址：北京市海淀区阜成路甲 28 号　邮编：100142
总编部电话：010 – 88191217　发行部电话：010 – 88191522
网址：www.esp.com.cn
电子邮箱：esp@esp.com.cn
天猫网店：经济科学出版社旗舰店
网址：http://jjkxcbs.tmall.com
固安华明印业有限公司印装
710 × 1000　16 开　16.75 印张　270000 字
2022 年 11 月第 1 版　2022 年 11 月第 1 次印刷
ISBN 978 – 7 – 5218 – 4211 – 1　定价：82.00 元
（图书出现印装问题，本社负责调换。电话：010 – 88191510）
（版权所有　侵权必究　打击盗版　举报热线：010 – 88191661
QQ：2242791300　营销中心电话：010 – 88191537

前 言

　　新冠肺炎疫情发生以来，全球供应链、产业链遭遇重创，世界百年未有之大变局加速变化，世界经济深度衰退、经济全球化遭遇逆流、贸易保护主义抬头等外部风险日渐增多，国际市场的不确定性与不稳定性逐渐加剧。与此同时，我国已进入高质量发展阶段，国内需求旺盛、市场潜力巨大，我国经济长期向好的基本面并没有改变。对此，党中央提出要推动形成"以国内大循环为主体、国内国际双循环相互促进"的新发展格局。

　　随着中国经济从高速增长向高质量发展转变，服务在新旧动能转换中扮演着重要角色；服务贸易尤其是生产性服务贸易对经济增长的拉动效应愈加凸显。《中共中央关于制定国民经济和社会发展第十四个五年规划和二〇三五年远景目标的建议》明确指出，要"推动生产性服务业向专业化和价值链高端延伸，推动各类市场主体参与服务供给，加快发展研发设计、现代物流、法律服务等服务业，推动现代服务业同先进制造业、现代农业深度融合，加快推进服务业数字化"。已有研究表明，生产性服务业脱胎于制造业母体，成为制造业与服务业的融合剂。在全球价值链（GVC）下，生产性服务贸易与国内制造业的联系日趋紧密。

　　然而中国生产性服务贸易发展长期滞后，结构失衡问题十分突出；制成品附加值明显低下，制造业结构升级迫在眉睫。已有研究表明，引入国外先进生产性服务将成为推动两业深度融合、促进制造业发展的重要突破口。那么，面对当前疫情冲击下的经济全球化新趋势，是否可通过进口更为先进的生产性服务要素投入至国内制造业部门来推动制造业发展，促进国内技术水平提升和加速创新，进而助推"双循环"新发展格局下制造业相关链式的国内大循环畅通？以国内大循环为主体，意味着要把满足国内需求作为发展的出发点和落脚点，那么制造业发展对国外生产性服务的需求水平如何？这种引致需求是否也反向助推生产性服务进口质量提升，以进一步提高生产性服务业开放水平？此外，又可否从制造业服务化视角出发，分析中国制造业对下游生产性服务业的推动效应，以这一方面的"国内循环"为主体和基础，通过制造业尤其是高技术制造业的支撑作用夯实生产性服务业的产业根基，用好国内国际两个市场、两种资源，进一步推动生产性服务出口提质增效，实现制造业与生产性服务贸易相互促进的双循环？相信解决上述问题对于我国在构建"双循环"新发展格局中推动产业发展，进一步明晰生产性服务贸易与本国制造业的协同发展方式，找寻优化中国生产性服务贸易乃至服务贸易整体结构的路径，制定生产性服务贸易高质量发展政策，实现新一轮高水平对外开放，以及加快构建开放型经济将具有十分重要的现实意义。

本书基于全球价值链下的跨国产业融合视角，在已有文献对生产性服务贸易与制造业融合联动分析的基础上，梳理出二者的具体联动机制，并构建非竞争型投入产出模型和计量模型，对中国生产性服务贸易与制造业的联动效应进行实证分析。

本书的创新体现在机制分析部分，主要包括以下两个方面。

一是理论创新。已有研究大多仅围绕一国生产性服务业与制造业、服务贸易与货物贸易的关系展开，或者仅围绕生产性服务进口对制造业的影响展开讨论，对制造业与生产性服务出口，以及生产性服务贸易与制造业联动机制进行分析的比较鲜见。本书则梳理出生产性服务贸易与制造业联动的两条机制。机制 1 为生产性服务进口与制造业相互联动。生产性服务进口通过技术、知识、高素质人力资本的溢出效应，增加了制造业的技术含量，推动国内制造业升级；同时，基于获取知识、信息、技术和降低生产交易成本、提高管理运营水平的需要，制造业对生产性服务进口存在持续需求，反向促进生产性服务进口。机制 2 为国内制造业发展有助于生产性服务出口。在制造业产出外部服务化方式下，生产性服务从制造业中分离而出，进而形成独立的生产性服务业，与此同时，制造业部门作为中间投入为生产性服务业发展提供有力支撑，助力生产性服务出口；在制造业产出内部服务化的方式下，一些制造业企业出口生产性服务，与制成品出口形成互补或替代。

二是方法创新。本书构建出全球价值链下的非竞争型投入产出模型，将国内和进口部分的中间投入均划分为生产性服务部门、制造业部门和其他部门，并将满足国外最终需求的出口划分为中间品出口和最终品出口。借鉴 LALL 分类标准和相关文献，对生产性服务和制造业进行细分，进一步推导出生产性服务贸易与制造业联动的里昂惕夫逆矩阵，为计算生产性服务贸易与制造业整体及各细分行业的相互作用强度做铺垫。

本书围绕核心机制分析部分，对中国生产性服务贸易与制造业的具体联动效应进行分析，经实证研究结论如下。

第一，中国生产性服务进口与制造业具有联动效应。其具体表现为：一是生产性服务进口较国内生产性服务投入而言，对制造业升级的正影响力更为显著，且金融保险服务，通信、计算机和信息服务以及其他商业服务进口更有助于中国制造业向高端迈进。二是中、高技术制造业对金融服务，通信、计算机和信息服务，以及研发服务等的进口需求更大。三是中国生产性服务进口与制成品出口之间具有双向格兰杰因果关系。

第二，中国制造业对生产性服务出口具有推动效应。其具体表现为：一是国内制造业部门中间投入对生产性服务业发展起到了重要的产业支撑作用。二是中等技术制造业对建筑服务、运输服务和其他商业服务出口具有显著的促进作用。三是高技术制造业为通信、计算机和信息服务以及其他商业服务业，尤其是其中的专业技术服务、研发服务、咨询服务等提供了最为坚实的产业基础。除对建筑服务和其他商业服务出口起到一定支撑作用之外，高技术制造业对知识、技术密集程度更高的通信、计算机和信息服务出口亦存在显著的促进作用，可见制造业升级亦有助于生产性服务出口技术水平提升。

第三，根据全书的研究结论，提出相关政策建议：一是扩大生产性服务业开放。加大生产性服务业开放力度，在"引进来"的同时，更要加快"走出去"步伐，同时注重提高通关便利化程度。二是提高制造业服务化水平。在增加制造业中生产性服务投入和推行服务型制造模式的基础上，以制造业内外部服务化，带动生产性服务出口。三是促进生产性服务贸易与制造业融合发展。一方面，引导生产性服务进口行业流向，加强其与国内制造业的联系。另一方面，依托制造业优势行业，优化生产性服务贸易结构，并根据制造业地区的发展特点，差异化发展生产性服务贸易。

目　录
CONTENTS

第一章

绪　　论

第一节　研究背景与意义

一、研究背景

当前，世界正处于百年未有之大变局，国际市场的不确定性与不稳定性逐渐加剧，新冠肺炎疫情的冲击进一步使全球供应链、产业链遭遇重创。与此同时，中国特色社会主义进入新时代，我国社会主要矛盾已经转化为人民日益增长的美好生活需要和不平衡不充分的发展之间的矛盾。因此，一方面，要充分发挥国内需求旺盛、市场潜力巨大、经济长期向好的优势，推动国内经济高质量发展，提升国际竞争力和地位；另一方面，也要积极参与全球产业链价值链分工，充分利用国际资源和市场促进国内经济发展质量提升，进而形成以国内大循环为主体、国内国际双循环相互促进的新发展格局。构建基于分工深化的产业链体系是提升国内大循环的关键，其中制造业产业链的高质量发展尤为重要。随着技术进步和产业分工的细化，在制造业从高速增长向高质量提升的转变中，服务扮演着重要角色。生产性服务业脱胎于制造业母体，并成为制造业与服务业的融合剂。目前，中国制成品的附加值较低，制造业结构升级迫在眉睫，引入国外先进生产性服务将成为推动产业深度融合、促进制造业发展的重要突破口。①②

为加快构建"双循环"新发展格局，我国对外开放的脚步不断加快，服务业的开放力度不断加大。生产性服务在推动制造业发展、协同服务要素嵌入价值链体系和促进生产动能持续等方面意义重大。疫情冲击之下，生产性服务贸易或将成为推动世界经济复苏的新引擎。而"以服务制造业高质量发展为导向，推动生产性服务业向专业化和价值链高端延伸"，也成为"十四五"时期促进我国服务业繁荣发展的重点方向。在全球价值链（global value chain，GVC）下，服务贸易对经济增长的拉动效应愈加凸显，生产性服务贸易与国内制造业发展的联系日趋紧密（张昕，2021）。

随着国际分工的日益细化、全球价值链的不断升级，经济发展对产业间的融合提出新的要求，制造业的服务化趋势愈加显著。供应链的协同互促、产业链的优化升级成为新经济时代的发展目标。以往只专注于生产的单一模式逐渐为整合系统的价值链、产业链所取代，价值增值更多地体现在生产的上游（研发、设计等）和下游（分销、售后等）环节中。企业能否在当今的经济全球化浪潮中占据一席之位，关键就在于其能否在这些具有高附加值、高技术的价值链上下游环节获得竞争优势。其中，生产性服务作为制造业和服务业的融合剂，其重要作用便愈加凸显。伴随着服务业扩大开放进程的不断推进，生产性服务贸易的重要性愈发引起关注。然而，外需疲软、贸易保护主义抬头和国内资源趋紧等因素对我国服务贸易发展形成了一定阻力，服务贸易结构不合理、逆差逐步扩大的问题愈加凸显，而这在很大程度上由生产性服务贸易的竞争力不足所致。我国生产性服务贸易与制造业在发展过程中仍有诸多问题亟待解决。

一方面，中国生产性服务贸易发展滞后，出口动能不足，逆差长期存在，结构问题突出。早在2017年的《服务贸易发展"十三五"规划》中便

---

① 姚战琪.服务业对外开放对我国产业结构升级的影响［J］.改革，2019（01）：54-63.
② 张昕.生产性服务进口与制造业升级的双向联动机制——中国制造业发展的经验分析［J］.西部论坛，2021，31（05）：15-33.

提到，我国的服务业尤其是生产性服务业的发展相对滞后，生产性服务业与发达国家相比差距明显。[1] 中国生产性服务贸易的发展也远落后于货物贸易的发展水平。与美国、英国、德国等服务贸易强国相比，中国服务贸易发展水平与之差距较大，结构也不合理。一是从总体来看，现阶段中国生产性服务贸易整体的国际竞争力较弱。二是中国生产性服务各行业的国际竞争力水平不均，保险服务和知识产权使用费的国际竞争力极弱，亟待加强。三是中国运输服务贸易的进出口规模在生产性服务贸易的总规模中占据相当大的比重，然而其巨大的贸易逆差同时也成为生产性服务贸易总体逆差扩大的主要原因。虽然其具有一定的显示性比较优势，但因为有着巨大的贸易赤字和竞争劣势，故国际竞争力较弱，亟待增强。四是中国金融服务贸易国际竞争力不强。在服务业扩大开放背景下，如何保持金融服务开放和金融风险管控之间的平衡问题是新时期金融业改革的重点和难点。

另一方面，中国制造业结构问题突出、区域差异显著。虽然我国的制造业质量水平在稳步提升，但与发达国家相比仍有一定差距。而且，长期以来，我国的制造业产品附加值普遍较低，货物出口也以低端制造和加工贸易为主，自主研发投入不够，自主知识产权产品竞争力和自有品牌竞争力总体较为薄弱。从低端产品的加工制造走向高端水平，并进一步促进通信设备、计算机及其他电子设备制造业、交通运输设备制造业、医药制造业、通用设备制造业、汽车制造业等技术知识密集型制造产业的持续发展，将仍是一条漫长的道路。虽然中国制造业发展总体呈增长态势，但从区域分布来看，呈现出"东高西低"的特点，即东部地区持续保持制造业竞争领先，而中、西部地区制造业发展水平仍较为落后。

因此，鉴于生产性服务作为制造业和服务业的融合剂这一特点，明晰生产性服务贸易与制造业的联动机理，大力发展生产性服务贸易以提高制造业发展水平，同时以制造业为支撑反向助推生产性服务业双向开放，不失为推动制造业升级、缩小生产性服务贸易逆差及提高其国际竞争力水平的重要途径，其对于提升服务贸易整体效能、加快构建开放型经济新体制、实行高水

---

[1] 《服务贸易发展"十三五"规划》，2017 年。

平对外开放具有十分重要的现实意义。

二、研究意义

（一）理论意义

第一，厘清生产性服务贸易与制造业的联动机理。近年来，已有诸多国内外学者对生产性服务进口对制造业发展的影响力做了充分论证，然而将生产性服务进、出口区别开来，探究生产性服务贸易与制造业联动互促发展的研究仍较为少见。本书将以全球价值链下的国际分工理论为切入点，突出中间投入品与产出机理，阐释生产性服务贸易在价值链提升、产业链整合，以及垂直化国际分工等方面的重要作用。借鉴前人的研究结论和研究方法，探索出中国生产性服务贸易与制造业联动互促、相互提升的理论机制和路径。

第二，明晰生产性服务贸易与制造业整体及分部门的相互作用强度及作用规律。本书在明晰生产性服务贸易与制造业联动机理的基础之上，以跨国产业融合为研究视角，运用统计分析、数理计算、计量模型等方法，发现了二者相互作用的规律。

（二）现实意义

第一，提升中国制造业发展水平。在全球价值链升级、供给侧结构性改革、"中国制造2025"、"双循环"新发展格局等背景下，新经济时代对制造业全面升级、制造业竞争力提升、从"中国制造"到"中国智造"的转变等方面也不断提出新要求。本书从生产性服务业与制造业的联动出发，延伸至全球价值链体系下，探究生产性服务贸易尤其是生产性服务进口对中国制造业的影响，从而对提升中国制造业发展水平可能具有一定现实意义。

第二，提高中国生产性服务贸易国际竞争力。本书将中国与世界生产性服务贸易强国做国际比较，探究中国生产性服务贸易发展滞后的症结。探索制造业内、外部服务化对生产性服务业发展的推动作用，继而探究制造业与生产性服务贸易尤其是生产性服务出口的关系和作用机理，这对于提高中国生产性服务业整体发展水平、促进其结构优化和提升国际竞争力水平可能具有重要的实践意义。

第三，优化中国服务贸易及整体贸易结构。外需疲软、保护主义抬头和国内资源趋紧等问题对我国服务贸易发展造成一定的阻力。服务贸易行业发展不均、收支情况有待改善等问题愈益凸显，而这在很大程度上由生产性服务贸易的国际竞争力不强所致。服务贸易的结构调整迫在眉睫；外贸结构的整体优化刻不容缓。因此在产业融合、制造业服务化趋势下，探索生产性服务贸易与制造业的联动互促机制，不仅有助于提升中国生产性服务贸易国际竞争力，而且可能对于中国服务贸易乃至外贸整体结构的优化和总体发展意义非凡。

第四，促进中国国民经济整体繁荣。服务业是一个内容十分庞大的异质性产业（刘志彪，2001）。生产性服务业是连接现代经济相互依存运行的纽带（Joseph F Francois，1990），其在国民经济中的地位尤为重要。因此，通过探究生产性服务贸易与制造业的联动效应，以生产性服务业扩大开放加速推动国内制造业与生产性服务业的发展，并以此为基础可以辐射带动国民经济整体的进一步繁荣。

第二节　研究内容与方法

一、研究内容

第一，文献综述。本书首先对生产性服务贸易的内涵与外延，以及制造业发展的趋势特征进行梳理，然后以"全球价值链下的国际分工"作为本书研究的理论支撑，梳理生产性服务贸易与制造业的跨国产业关联。之后将生产性服务业与制造业融合以及制造业服务化作为生产性服务贸易与制造业联动的中间路径，进一步梳理生产性服务进口与制造业、制造业与生产性服务出口之间的相互影响，继而为下文厘清生产性服务贸易与制造业的联动机制做铺垫。最后对二者的联动阻力进行梳理，为最终提出政策提供思路。

第二，中国生产性服务贸易与制造业发展现状分析。主要从规模、增速、结构三个维度分析中国生产性服务贸易发展现状，运用贸易收支指数、TC 指数、RCA 指数三大指标，综合比较分析中国与他国生产性服务贸易的国际竞争力情况，借鉴他国生产性服务贸易发展经验，找到中国生产性服务贸易和生产性服务业发展滞后的症结，为后文的实证分析做铺垫，并从增加值规模、竞争力水平、贸易规模、对国民经济增长的贡献四大维度，分析中国制造业的发展现状。

第三，中国生产性服务贸易与制造业联动效应机制分析。此部分包含两条路径：一是探究中国生产性服务进口与制造业发展的互动机制，从供给和需求两个方向，探究生产性服务进口对制造业的影响以及制造业对生产性服务进口的反向拉动力。二是以制造业服务化为桥梁，结合全球价值链下的国际分工理论，重点运用逻辑分析方法探究制造业对生产性服务出口的传导机制。并在此基础上，运用投入产出法，构建非竞争型投入产出模型，从整体角度和细分行业角度测算中国生产性服务进口对制造业的供给效应、制造业对生产性服务进口的需求效应，以及制造业对国内生产性服务业的推动效应。

第四，实证模型检验。构建 VAR 模型，运用格兰杰因果检验、脉冲响应分析和方差分解分析方法探究生产性服务进口与制成品出口的联动效应。鉴于制造业投入与生产性服务出口的间接联系，继而对制造业和生产性服务出口行业做细分处理，构建面板模型，分析制造业中间投入对生产性服务出口的影响。

第五，结论与政策建议。对本书所做的研究做总结提炼，提出相关政策建议，即应扩大生产性服务业开放程度、提高制造业服务化水平以及促进生产性服务贸易与制造业融合发展，并做进一步研究展望。整体研究框架如图 1 - 1 所示。

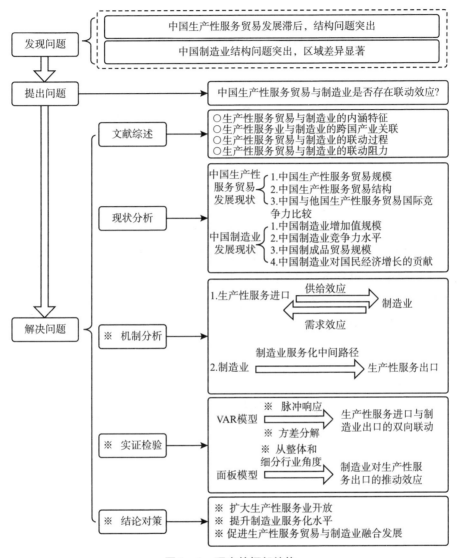

图 1-1　研究的框架结构

二、研究方法

第一，理论与实际相结合。梳理国际分工理论基础上的全球价值链与生产性服务贸易的相关理论和国内外研究进展，厘清生产性服务业与制造业的融合关系、生产性服务贸易与制造业的联动关系，为本书的研究奠定基础。在中国生产性服务贸易与制造业联动效应机制分析中，穿插结合实际案例，更为全面地阐述效应机理。

第二，实证与规范相结合。运用投入产出法构建非竞争型投入产出模型，测算中国生产性服务进口与制造业以及制造业与国内生产性服务业的关联。构建 VAR 模型，进行脉冲响应分析和方差分解分析，探究生产性服务进口和制造业的联动性。构建面板模型，论证中国制造业对生产性服务出口的影响。最后，运用规范分析方法，提出实现中国生产性服务贸易和制造业联动互促式发展的相关政策建议。

第三，定性与定量相结合。运用统计学方法，对中国生产性服务贸易发展现状做统计描述；根据贸易收支指数、TC 指数、RCA 指数三个指标，对中国与他国生产性服务贸易国际竞争力做比较分析，找出中国生产性服务贸易发展落后的症结；用投入产出法建立非竞争型投入产出模型，计算中国生产性服务贸易与制造业之间的关联强度；通过构建面板模型和 VAR 模型，作进一步的实证分析，明晰各变量间的相互影响力。

第三节　可能的创新与不足

一、可能的创新

本书关于中国生产性服务贸易与制造业联动效应的研究可能有以下创新。

第一，理论创新。国内外学者对生产性服务与制造业的关系问题已做过一些研究，但大多仅从国内产业层面展开分析，即对一国内部生产性服务业与制造业关系问题的研究较多，而对全球价值链下两种产业的跨国联动性问题较为忽略。且关于二者的关系问题的研究也多处于相关性和影响力层面，机制分析较少。仅有的一些关于生产性服务贸易与制造业相互作用的研究大多探讨生产性服务进口对制造业的影响，而将制造业与生产性服务出口关联起来的较少；将生产性服务进口和出口区分开，探究它们与制造业作用机理的研究更为少见。本书则在国内外已有研究的基础上，通过制造业内、外部服务化这条路径将制造业与生产性服务贸易联系起来，厘清了生产性服务贸易与制造业的融合联动机制，实现了理论上的突破与创新。

第二，方法创新。本书在得出二者联动机理的基础之上，构建非竞争型投入产出模型，将参与全球价值链体系的行业划分为生产性服务部门、制造业部门和其他部门，并将满足国外需求的产出划分为中间品出口和最终品出口，继而进行模型推导、数理统计与分析、计量模型检验等，最终得出生产性服务贸易与制造业整体及各细分行业的相互作用强度，以及联动路径。因此，在研究方法上可能具有一定的创新。

二、研究的不足

第一，理论方面，目前尚没有特别系统的服务贸易理论。纵观前人的研究脉络可知，围绕生产性服务贸易展开研究的理论模型较少，少有的一些模型均将生产性服务视为制造业环节的中间投入品，或是仅对生产性服务进口与制造业的关联性做一定的定量分析，而对是否可以通过制造业促进生产性服务出口这一路径的研究较为少见。这从理论基础层面为本书的逻辑分析增添了难度，对笔者来说也是较大的挑战。鉴于此，本书希望通过制造业服务化的内外部效应，在其与生产性服务出口之间搭建起桥梁，以突破现有文献的束缚，勇于进行理论创新。

第二，数据统计方面，服务贸易作为一种无形贸易，与货物贸易相比其数据统计难度较大，数据的获得性和可用性较为有限。由于联合国贸易和发展会议（UNCTAD）数据库中的数据已更新至 2020 年，数据较新较全，故第三章所涉及的中国和对标国家的服务贸易总体及细分行业数据源自 UNCTAD 数据库——国际收支和国际投资头寸手册第六版（BPM6）。第六版（BPM6）在第五版（BPM5）的基础上做了许多调整，涵盖 2005～2020 年较全且较新的数据，但 BPM6 中存在个别数据缺失问题。由于 BPM5 和

BPM6 统计口径不同，故无法将二者归并合一。为确保数据的真实、完整、有效，本书仅使用 BPM6 的数据，采用统计方法补齐缺失值，或将存在缺失值的服务项目与其他项目区分开来分别予以分析。另外，在生产性服务进出口与制造业的具体相关影响效应的测算中，需使用世界投入产出表，而该表涉及年份较短，仅有 2000~2014 年的数据，且数据繁多，行业细分程度高，计算过程复杂，为统计测算与建模增添了难度。

第三，模型构建方面，目前可借鉴的生产性服务贸易与制造业间联动作用的实证模型较为有限。现有的相关实证分析多是细分生产性服务或将制造业细分为资本密集型、技术密集型和劳动力密集型制造业，从而构建面板模型，做回归分析，而对生产性服务出口与制造业以及生产性服务进出口与制造业联动机制的分析与论证还十分少见，结构性地研究机制递推问题为本书实证研究带来了巨大的挑战。

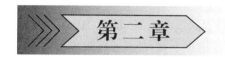

第二章

文 献 综 述

从全球贸易发展趋势来看，货物贸易对世界经济的拉动效用愈加受限，服务贸易尤其是生产性服务贸易对经济增长的推动作用日益显著。然而我国生产性服务贸易长期逆差，对服务贸易整体逆差造成了显著的负影响；其竞争力低下、细分行业发展不均衡等问题也十分突出。同时，制造业发展仍难以摆脱对传统资源和劳动力的依赖，制造业转型升级迫在眉睫。因此应对经济全球化新趋势，在构建开放型经济新体制、实现高质量发展的时代背景下，探究跨国产业关联下生产性服务贸易与本国制造业的联动互促便具有一定的现实意义（张昕，2019）。

第一节　生产性服务贸易与制造业的内涵特征

一、生产性服务贸易的内涵与外延

（一）生产性服务贸易的内涵

越来越多的证据和经济理论表明，各种商业服务对经济增长至关重要。诸多文献的关键思想是，多样化的商业服务集（或更高质量的服务集）允许下游用户以较低的成本购买经质量调整的商业服务单元（James Markusen，Thomas F. Rutherford & David Tarr，2005）。早在 20 世纪 60 年代，城市和区域经济学文献（Greenfield，1966；Jacobs，1969；Chinitz，1961）就提到非贸易中间产品（主要是在规模收益递增的条件下产生的生产性服务）可以作为集聚外部性的重要来源；一些经济地理学文献（Fujita，Krugman & Venables，1999）也关注这样一个事实，即由于集聚外部性，相关经济活动在经济上是集中的（James Markusen，Thomas F. Rutherford & David Tarr，2005）。

格林菲尔德（Greenfield，1966）首次提出了生产性服务的概念。国内外学者对生产性服务内涵的定义较为统一，普遍认为它是一种面向生产者的中间服务，而非面向消费者的最终服务（J. R. Markusen，1989；Joseph F. Francois，1990；James Hodge & Hildegunn Kyvik Nordas，2001；Mary Amiti & Jozef Konings，2007；裴长洪、彭磊，2006）。①

詹姆斯·马库森、托马斯·卢瑟福和大卫·塔尔德（James Markusen，Thomas F. Rutherford & David Tarr，2005）指出，生产性服务是一种中间投入，知识在其中广泛流动；从某种程度上说，这些生产性服务多由买方市场驱动，帮助买方解决多种特定问题，且生产性服务企业具有更为明显的差异化属性（赵瑾等，2018）。迈克尔·兰德斯曼和帕丝卡·佩蒂特（Michael A. Landesmann & Pascal Petit，1995）讨论了发达经济体之间生产性服务贸易的发展趋势。他们利用产业组织理论的既有概念，如范围经济、组织经济等，来解释生产性服务贸易专业化的复杂模式，强调了生产性服务贸易与商品生产国际化的联系，以及其与国际直接投资和商品贸易的联系。

总的来说，生产性服务一般具有以下特征：①属于中间产品；②熟练劳动力和知识资本密集；③规模报酬递增；④可贸易性；⑤创新性；⑥产业关联性强（赵瑾等，2018；张昕，2018）；⑦根据公司和可能的公司国籍进行区分；⑧服务贸易投入受到来自外资所有权障碍、业务人员流动等方面的高

---

① 张昕. 中德生产性服务贸易发展现状与国际竞争力比较研究［J］. 价格月刊，2018（11）：45－54.

交易成本或禁止性交易成本的影响（James Markusen，Thomas F. Rutherford & David Tarr，2005）。

（二）生产性服务贸易的外延

对于生产性服务外延行业分类的界定，目前学界仍未统一。伯朗宁和辛格尔曼（Browning & Singelmann，1975）指出，生产性服务业属知识密集型行业，包括金融、保险、法律等；詹姆斯·霍奇和希尔德根·凯维克·诺达斯（James Hodge & Hildegunn Kyvik Nordas，2001）在研究生产性服务贸易时主要将研究视角置于金融服务、通信服务、运输服务上；月田正弘（Morihiro Yomogida，2003）则指出生产性服务包含管理、设计等，且企业开展生产性服务具有固定的成本（赵瑾等，2018）。本书结合 UNCTAD、《国民经济行业分类（2019 修订版）》《生产性服务业统计分类（2019）》、袁志刚等（2014）及经典 LALL（2000）划分依据，将生产性服务分为货物相关服务，运输服务，建筑服务，金融保险服务，通信、计算机和信息服务，其他商业服务以及其他生产性服务七类。

二、制造业发展的趋势特征

（一）发达国家制造业回流现象愈加显著

伴随着发展中国家产业结构的升级和制造业竞争能力的不断提高，近些年美国等发达国家的制造业回流趋势日渐明显（赵瑾等，2018），即跨国公司的海外子公司撤出或部分撤出东道国，把生产基地迁回国内（傅钧文，2015），也就是正在重构相关国家的国内价值链，并将对各国在全球价值链中的分工及其地位产生较大影响（高敬峰等，2020）。

为了避免产业空心化，预防制造业萎靡而丧失世界霸主优势，以及应对人工成本上升压力、就业率缩小和通货膨胀等原因，美国提出"再工业化"战略，致力于将高新技术应用于传统产业并催生发育新兴产业，在创新发展中引领新科技革命潮流（金成，2019）。对此，胡鞍钢等（2018）提出，美国制造业回流是在当前逆全球化背景下，美国加强国际领导权的重要表现，反映出美国对于当今国际政治经济格局转变的焦虑。

制造业强国德国于 2013 年提出"工业 4.0"战略，以新兴科技助力制造业发展。除制造业基础外，独特的生产性服务业优势也是德国"工业 4.0"战略的关键（俞晓晶，2017）；"工业 4.0"战略在强调制造业智能化发展的同时，更为注重制造业与服务业的融合，以实现"服务型制造"（张昕，2018）。

日本自进入 21 世纪以来几次出现制造业回流现象（日本称"国内回归"）（傅钧文，2015）。日本跨国企业回流本国，多是经济理性抉择，加之日本政府出台的一系列优惠政策，特别是在 2002～2007 年和 2011～2018 年两个阶段制造业回流现象较为明显（李瑞杰，2020）。

纵观发达国家制造业发展态势可知，"制造业回流"使我国面临的营商环境、资本外流、出口增长、转型升级等竞争压力加大，同时也为我国提供了新的机遇。我国应顺势而为，扬长避短，固本强基，制定针对性更强的措施（王昌林等，2017）。

（二）中国制造业高质量发展刻不容缓

一是内涵与特征方面。在以大数据、云计算、人工智能等为代表的新一轮工业革命背景下，一些学者提出，制造业的可持续发展需要在根本上转变发展范式（Herrmann et al.，2014），高级服务化将转变为制造业的核心竞争优势（Lightfoot et al.，2013）。对此，国内学者重点围绕制造业的高质量发展展开了系列研究（许冰等，2021）。一些学者从结构优度、价值链高度等多维度研究制造业的高级化问题（李秋香等，2021；李平，2010；马珩，2012）。金碚（2018）提出，与高速增长阶段主要以工具理性为动力的机制不同，高质量发展阶段必须有更具本真价值理性的新动力机制。而新发展理念则成为制造业高质量发展的战略指引（李晓华，2021）和评价准则（金碚，2018；段国蕊等，2021）。我国制造业高质量发展不仅是发展模式的改变，还要从更丰富内涵、更多面维度视角进行衡量，对其的认知和测度须超越以往以经济绩效为中心的视野（段国蕊等，2021），即在保持适当发展速度的前提下，以创新为动力（唐红祥，2019），遵循生产效率、产业结构高级化、技术先进性，以及资源环境约束等方面的基本要求（李平等，2010），实现经济系统、制度系统、社会系统和环境系统各视域内协同嬗变演进以及安全与发展的动态平衡（段国蕊等，2021；唐红祥，2019；李巧华，2019）。未来，制造业高质量发展将呈现创新化、融合化、服务化、品牌化、绿色化等特点（郭克莎，2021），制造业企业也将呈现平台化组织模式、利益相关者共赢以及具有更强弹性和适应性的特征（李巧华，2019）。

二是影响因素方面。一些学者发现，生产性服务业（黄先海等，2021）、人工智能（蒋南平等，2021）、数字经济（刘鑫鑫等，2021；王瑞荣等，2021；张晴、于津平，2020）、制度环境（郭娟娟、冼国明、房帅，2020）、技术创新（杜传忠等，2021；阎世平等，2021；杨仁发等，2020）、环境规制（杨仁发等，2020；唐晓华等，2020；吴爱东等，2021）、FDI（黄灿、林桂军，2017）等对制造业实现高质量发展具有一定影响。其中关于生产性服务业对制造业影响的研究较为多见。

三是实现路径。推动制造业高质量发展的路径研究主要集中于驱动因素、演化路径和策略选择三个方面。驱动因素方面，有学者从需求因素、技术因素、市场结构因素、制度环境因素、组织因素等方面展开研究（李巧华，2019）。演化路径方面，重点围绕改善企业经营环境、加强创新体系建设、深化体制机制改革、坚持开放合作、推进数字化发展、实施产业融合（郭克莎等，2021；綦良群等，2018；权衡，2021）等方面提出多重发展路径。策略选择方面，通过加强战略性竞争领域的超前布局、促进新型研发机构发展、建设有利于创新驱动的营商环境、培养制造业数字化转型人才、建立反映新发展理念的考核评价体系等（马双、郭京京，2021；李晓华，2021；李巧华，2019），权衡协调各政策目标（金碚，2018）。

第二节 生产性服务业与制造业的跨国产业关联

随着制造业工业化、信息化、自动化、服务化程度的不断加深，单纯依靠传统的工业生产难以实现现代制造业高质量发展目标。以高新技术为支撑，充分发挥知识和人力资本的作用，以服务链接为重要融合剂，协调整个价值链、供应链、生产链，进而实现全方位立体式的产业联动成为当今制造业发展的主流。

一、全球价值链与国际分工

（一）全球价值链

全球价值链已成为当今世界经济中贸易和投资的核心机制（Sampath & Vallejo，2018）。全球价值链的出现推动了经济向更激烈的垂直一体化方向发展，生产系统出口中越来越多地使用中间生产性服务（Claudio Di Berardino & Gianni Onesti，2020）。

克坦·雷迪、雷德夫·春达卡丹和苏巴什·萨斯哈兰（Ketan Reddy，Radeef Chundakkadan & Subash Sasidharan，2022）研究了企业创新与全球价值链参与问题，并从两个方面将二者联系起来：一是企业可以通过在其出口篮子中利用外国进口（后向一体化）或将其出口产品作为中间投入供其他国家生产（前向一体化）来参与全球价值链（Koopman et al.，2010；Montalbano et al.，2018）。二是通过竞争渠道将创新和全球价值链参与联系起来。在过去20年中，全球价值链在国际贸易框架中无处不在（Ketan Reddy，Radeef Chundakkadan & Subash Sasidharan，2022）。萨姆帕斯和瓦列霍（Sampath & Vallejo，2018）的研究表明，2016年世界贸易的85%是全球价值链框架内的贸易，其凸显了全球价值链在当今贸易范式中的重要性（Ketan Reddy，Radeef Chundakkadan & Subash Sasidharan，2022）。全球价值链参与的迅速增加使国际市场更具竞争力，对企业创新至关重要（Schmitz，2005）。克坦·雷迪、雷德夫·春达卡丹和苏巴什·萨斯哈兰（2022）的研究进一步发现，创新是企业全球价值链在各国参与的动力与关键。

此外，关于新冠肺炎疫情对全球价值链的影响，目前也已有多项研究。既有研究表明，新冠肺炎疫情之前的世界经济运行趋势推动全球价值链进行结构重组，企业管理层治理对策可能有助于降低信息成本、提高效率和增强全球价值链的长期弹性。尽管新冠肺炎疫情在全球价值链中造成了重大的短期中断，但从长远来看，该疫情不会成为全球价值链演变的主要催化剂。随着全球价值链从最初的疫情冲击中恢复，管理者将在考虑长期战略的基础上做出全球价值链重组决策（Liena Kano et al.，2022）。一旦疫情得到控制，对贸易和流通运输的限制也将得以取消。一旦全球经济重新启动，商品和服务的跨境流动将恢复如前。新冠肺炎疫情可能不会从根本上改变全球价值链的治理，但将为企业改变组织管理工具、发展和控制参与全球价值链方式提供动力（Liena Kano et al.，2022）。当然，新冠肺炎疫情的发生也在一定程度上引起了人们生产生活方式的转变。许多服务部门被迫扩大其数字业务，将分销改为在线交付，并在与客户互动的方式上更加注重技术创新，而实现这些结果需要领先的跨国公司在短时间内快速采购原材料、设计新产品、进行测试和采取分销方式（Liena Kano et al.，2022）。

（二）全球价值链下的国际分工

当今的生产空前分散，并在全球价值链内进行（Sampath & Vallejo，2018）。国际贸易使得各国之间的协调成本重复问题得以消除，其增强了生产的多样性并推动了更大程度的分工以提高产出和福利水平（Kwok Tong Soo，2017）。众多国际贸易相关文献表明，生产的国际分工对发展中国家有一定益处（Caroline & Diegues，2022）。从发展的角度来看，一个国家可以通过全球价值链的参与，沿着价值链向上移动，获得更大的利益。在这方面，创新有助于企业升级价值链，并在更接近全球价值链上游端展开运营，以实现最大化增值（Ito et al.，2019 年；Brancati et al.，2017）。[①]

然而，在全球价值链中也存在一定的关于分工层次结构的考虑（Caroline & Diegues，2022）。琼斯和基尔兹科夫斯基（Jones R W & Kierzkowski Henryk，1988）的研究讨论了随着企业产出水平的增长、回报的增加

---

① Reddy K，Chundakkadan R，Sasidharan S. Firm Innovation and Global Value Chain Participation [J]. Small Business Economics，2020.

以及企业内部要素专业化的优势，如何助推企业转向由服务链接形成零散生产区块的生产过程。其研究表明，随着服务部门相对价格的下降，全球生产的碎片化过程趋势更为显著，即越来越多地使用生产环节在不同的区位进行，并需要更密集地使用服务链接。此外，服务提供方面的技术进步尤其降低了国际协调和通信的相对成本，因此国际层面上服务链接越来越频繁和密集地成为生产过程中不可或缺的组成部分。

图 2 - 1 展现出了服务参与生产过程的框架：生产过程的初始早期阶段——a 阶段，为单模块的生产活动阶段，生产区块与消费者直接连接，无服务将二者相连。b 阶段所表示的两个生产区块需要通过使用服务资源进行协调和联系，这两个生产区块的活动不能无成本地结合在一起，连接生产区块需要服务链接。c 阶段所表示的是每个生产区块利用前一区块的输出作为输入的生产过程。随着生产专业化程度的增强，以及分工的加剧和日益精细，d 阶段随之出现，即一对生产区块同时进行，每个生产区块的输出需要在制造的最后阶段进行组装，并最终连接向终端消费者。由此可见，全球价值链背景下，生产呈碎片化展开，国际服务链接将位于不同区位的分散化生产区块连接起来（Jones R W & Kierzkowski Henryk，1988），一国制造业与国际生产性服务要素存在必然的关联（张昕，2019）。

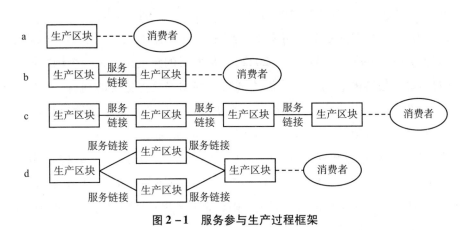

图 2 - 1　服务参与生产过程框架

资料来源：Jones R W，Kierzkowski H. The Role of Services in Production and International Trade：A Theoretical Framework [J]. RCER Working Papers，1988，165（6）：1485 - 1486. 转引自：赵瑾，等. 国际服务贸易理论前沿与政策变化 [M]. 北京：中国社会科学出版社，2018.

在全球价值链的国际分工框架下，众多学者展开了相关研究。对于上下游各经济部门间的复杂关联，林武郎（Lin Wuulong）首次提出了前、后向联系的概念（陈锡康等，2011）。进一步聚焦到生产性服务业与制造业的关联问题，一些研究则主要围绕两个方面展开：一是生产性服务业与制造业价值链融合，二是制造业服务化（张昕，2021）。

二、价值链融合

（一）融合动因

一些学者提出，价值链高度相关为生产性服务业与制造业的跨国产业融合提供了基础。二者融合主要由消费、生产及交易方式改变而引起（李美云，2006）；为提高产业发展水平，形成产业发展新动力（华广敏等，2020），制造业与服务业协调发展（Lin et al.，2012）、制造业与服务业间研发效率差异（Leiponen，2012）、以营改增为代表的政策性因素（孙晓华等，2020）和以技术创新为代表的创新因素（华广敏等，2020）等均可有效推动两大产业的融合[1]，其亦成为二者融合发展的主要动因。

（二）融合过程

生产性服务业与制造业融合是一种新型产业形态的构建，是实现产业相互支撑和协调发展的必然趋势（华广敏等，2020）。生产性服务业与制造业的融合分为价值链的分解与重组两大阶段（杨仁发等，2011）；二者融合后将形成蕴含更高价值的新价值链（杨仁发等，2011；Wirtz，2001，吴敬伟等，2022）。

（三）融合模式

生产性服务业与制造业在一定条件下融合互促。GVC下，对一国而言，

---

① 王成东，李安琦，蔡渊渊．产业融合与产业全球价值链位势攀升——基于中国高端装备制造业与生产性服务业融合的实证研究［J］．软科学，2022，36（05）：9–14．

国际生产性服务要素与本国制造业也可实现跨国产业融合。李美云（2006）根据服务部门和非服务部门之间的关系，将服务业跨产业融合的模式分为互补型、结合型和替代型三种。与之类似，杨仁发、刘纯彬（2011）将二者的融合分为以下几种：一是互补型（李江帆等，2016）——价值链区段互补、融合，继而产生兼具二者特征的新产品；二是延伸型（Yomogida et al.，2004）——制造业价值链向上、下游延伸，引致生产性服务需求；三是替代型（杨仁发等，2011）——二者价值链经分解与重组，产生替代原有产品和服务的新型融合产品（张昕，2019）。

三、制造业服务化

（一）制造业服务化的内涵

关于制造业的服务化趋势，许多学者认为早在 20 世纪 80 年代就有过相关研究；范德梅鲁等（Vandermerwe et al.，1988）首次将制造业的产出由传统的物质产品扩展为产品与服务（杨玲，2015）；然而，施门纳（Schmenner，2009）则认为 20 世纪 80 年代之前便已出现制造业服务化的概念；自 19 世纪 50 年代以来，制造商就一直在寻求扩大服务领域的机会。他提出，从企业发展史来看，服务化已有 150 年的历史，在 1850 年之前，供应链中各环节相互独立，而 19 世纪后半叶，制造业服务化使得制造环节和服务环节构成了供应链整体（A Neely，2011）。①

概括来讲，制造服务化（manufacturing servitization）是指创新公司以一定的能力和程序，支持从提供产品到提供"产品—服务"系统的转变过程；许多研究都将重点放在这一过程上，特别是在制造业服务化带来的潜在利益方面（Mastrogiacomo et al.，2019）。

（二）制造业服务化方式

尽管制造业服务化往往被认为是西方发达国家的产业发展现象，但工业

---

① 赵瑾，等．国际服务贸易理论前沿与政策变化［M］．北京：中国社会科学出版社，2018.

化程度较低的发展中国家正在迎头赶上。中国、印度、巴西、印度尼西亚等发展中国家的制造业服务化水平正在大幅提高，制造业服务化与产业结构升级正成为一种全球现象（夏秋，2022）。

具体从投入产出两方面看，其分为投入服务化与产出服务化（安筱鹏，2012）；从主体来看，其又可分为内部服务化（裴长洪等，2008）与外部服务化（Wolfmayr，2008）。①

制造业投入服务化指在制造业部门的生产过程中，服务作为投入品发挥着重要作用；服务投入在制造业总投入中的份额不断增加。制造业产出服务化则指制造业企业逐渐从传统地提供物化商品转向提供服务，由生产型制造向服务型制造转变（安筱鹏，2012）。制造业内部服务化指制造业企业自行提供生产性服务，并将其投入生产，以联结各生产单元，形成集成化的生产网络，而鉴于产业分工愈加细致，一些制造业企业则专注于产品生产，将全部或部分服务业务外包出去的方式便被称作制造业外部服务化（赵瑾等，2018）。

此外，对于制造商而言，保持竞争力还在一定程度上取决于其商业模式数字化的能力（即提供数字化和数字赋能的产品和服务）。为了实现这一目标和解决传统商业模式与数字时代的适应性障碍问题，制造商必须与新的数字合作伙伴合作，并帮助其现有供应商、合作伙伴和其他利益相关者实现数字化。为此，行业内的领先制造商开发了新的生态系统协调方法，即实现制造业的数字服务化（David Sjödin，Vinit Parida & Ivanka Visnjic，2022）。因此，总的来看，协调这个不断拓展的生态系统对制造业企业来说也是一项挑战。

（三）制造业服务化效应

许多研究认为，服务化有助于制造业企业塑造竞争力（Crozet et al.，2017）、提升盈利能力（Visnjic et al.，2016）及实现价值链升级（刘斌等，2016）。②

---

①② 张昕. 生产性服务进口与制造业升级的双向联动机制——中国制造发展的经验分析 [J]. 西部论坛，2021，31（05）：15–33.

服务化带来了更为复杂的业务安排，如个性化产品的制造、社会化制造、虚拟化工厂和经济上自主的设备机器。服务化为未来的数字化提出了新的业务和技术要求。产业链参与者之间的关系更为动态化，其包括短期和临时特定的关系，制造环节和供应链需要更紧密地实现耦合（Pustišek et al.，2022）。

制造业服务化以科技创新、管理模式创新、商业模式创新为驱动，通过提高服务要素在产品全生命周期中的比重，在生产服务、产品服务中融入更多的知识、数据等新型生产要素，以推动制造业产出由有形产品向"产品＋服务"转变。制造业服务化已经成为制造业升级的有效路径，成为制造业与服务业融合发展的重要途径，有助于提高我国制造业的创新发展能力（赵林度等，2021）。

第三节　生产性服务贸易与制造业的联动过程

一、生产性服务进口与制造业的双向联动

（一）生产性服务进口对制造业的影响

关于生产性服务进口的经济效应，一些学者认为，生产性服务进口为发展中经济体或转型经济体形成竞争优势，起到了重要的推动作用。首先，它们可以补充而不是替代国内生产性服务业，即生产性服务具有差异化产品特征。其次，它们节省了稀缺的国内熟练劳动力，使这些劳动力可以自由地用于其他用途，即具有要素密集属性。最后，进口服务使各国能够在现有的专业知识或关键的缺失投入中获得其他方面无法获得的、需要大量时间或资源来开发的服务（James Markusen, Thomas F Rutherford & David Tarr, 2005）。

外国生产性服务业（生产性服务进口）可为国内企业提供实质性利益。詹姆斯·马库森、托马斯·卢瑟福和大卫·塔尔德（James Markusen,

Thomas F Rutherford & David Tarr，2005）以早期的中间生产性服务业垄断竞争模型为基础进行实证研究，结果如下：虽然外国服务是国内熟练劳动力的部分均衡替代品，但它们可能是一般均衡互补品；服务贸易可以提供关键的缺失投入，扭转最终产品的比较优势；进口服务的"最优"税可能是补贴；非流动劳动力可能会出现收入损失，这表明改革可能会产生重要的公平结果。

概括来讲，关于生产性服务进口对国内制造业的影响效应，主要体现为生产性服务进口对国内下游制造业的产出、创新、生产率、出口、产业升级和国际竞争力等产生一定的作用。

第一，关于生产性服务进口对制造业产出的影响。有学者指出，在全球价值链下，碎片化生产是专业化分工的更高程度。在该生产方式下，国际服务链接将位于不同区位的分散化生产区块连接起来。相对于技术而言，服务所产生的边际成本更低；在每个碎片化程度较高的生产节点处，平均成本的降幅更大（Jones R W & Kierzkowski Henryk，1988），有利于产出增加（张昕，2021）。

第二，关于生产性服务进口对制造业创新的影响。随着中国深度嵌入全球价值链，实体经济对于现代生产性服务的需求多样而急迫（陶爱萍等，2020）；国外先进生产性服务在投入产出关系下对下游的中国制造业企业创新产生重要影响。[①] 杨晓云等（2022）基于"增加值贸易核算方法"，经实证检验得出，生产性服务进口技术复杂度通过技术溢出、投入服务化、产品升级和市场扩张，对中国制造业企业创新具有显著的正向影响，并且其作用效果因制造业行业的技术水平和垂直专业化程度而有所差异。

第三，关于生产性服务进口对制造业生产率的影响。詹姆斯·马库森、托马斯·卢瑟福和大卫·塔尔德（James Markusen，Thomas F Rutherford & David Tarr，2005）指出，制造业巨大收益的来源是生产性服务投入，即额外的中间服务提高了将这些公司服务作为中间投入的最终产品部门的生产

---

① 杨晓云，赵小红. 生产性服务业进口技术复杂度与制造业企业创新 [J]. 软科学，2022，36（07）：31 –37.

率。从我国制造业来看，生产性服务中间品进口促进了我国制造业劳动生产率提高，推动我国 GVC 参与度指数提升（张昕，2021）；外资对我国制造业产生显著后向关联效应，促进我国制造业发展（姚战琪，2019）。李平等（2022）通过实证研究进一步表明，生产性服务进口技术复杂度的提高显著促进了企业生产率的提升，在进行多种稳健性检验后该结论仍然成立，并且生产成本降低、人力资本积累以及促进国内生产性服务业正向发展是生产性服务进口技术复杂度影响企业生产率的中间渠道。

第四，关于生产性服务进口对制造业出口的影响。一些研究表明，生产性服务进口通过产业关联效应（Fernandes et al.，2012）、重组效应（Wolfmayr，2008）等，促进制造业生产率提高；通过研发资本投入效应和人均 GDP 拉动效应（姚战琪，2019）、成本渠道（孙浦阳等，2018）等对制造业出口产生积极作用（张昕，2021）。

第五，关于生产性服务进口对制造业产业升级的影响。一些研究提出，生产性服务进口能促进我国制造业服务化（姚战琪，2019；杨玲，2015），而制造业服务化能推动企业 GVC 升级（刘斌等，2016）。

第六，关于生产性服务进口对制造业国际竞争力的影响。研究指出，从国际竞争力方面看，作为独立的产业部门，生产性服务业以其强大的支撑功能成为制造业增长的牵引力和推进器，通过多种途径有效提升制造业的国际竞争力（刘志彪，2006）。

（二）制造业对生产性服务进口的影响

一些研究发现，除生产性服务进口对国内制造业部门产生一定影响之外，国内制造业对上游生产性服务进口亦存在一种引致需求下的后向影响。研究表明，生产性服务投入有助于降低产品的需求价格弹性，产生偏好提升效应（黄先海等，2021），激发潜在高端需求和扩大销售规模，提高创新的收益和预期回报，形成需求引致创新效果，[1] 亦即基于对降低生产成本、提

---

① 杨晓云，赵小红. 生产性服务业进口技术复杂度与制造业企业创新 [J]. 软科学，2022，36（07）：31–37.

高管理水平和质量效益等的需要，制造业企业对生产性服务进口的需求增加，进而促进生产性服务业的效率提升及贸易升级（王文等，2017）。制造业集群带来制造成本的降低和生产性服务的需求；现代服务业与制造业之间具有较强的相互依赖性（刘志彪，2006）。制造业需求增加为生产性服务业所带来的规模经济效应又会进一步促进生产性服务业效率提升（王文等，2017）。[①]

二、制造业对生产性服务出口的影响

并非仅存在生产性服务业对制造业的单向促进关联，事实上存在生产性服务业与制造业之间的双向因果关系（尚涛等，2009）；制造业对生产性服务业和生产性服务贸易的影响未引起广泛关注，目前鲜有文献从制造业产出服务化视角探究其对服务出口的影响（陈丽娴、魏作磊，2020）。有学者将制造业部门的中间需求和信息通信技术（ICT）支出确定为生产性服务业国际竞争力和专业化程度的两个重要变量，并发现制造业基础对生产性服务贸易具有显著影响，一国发展高效率和有活力的服务经济的能力与其制造业部门有关（Guerrieri et al.，2005）。还有学者研究得出，中国制造业国际竞争力的变化对生产性服务贸易存在反向作用力，但这一反馈机制往往存在一定滞后性（尚涛等，2009）；制造业升级通过制造业服务化和服务业制造化两种途径对服务业发展产生一定影响，且技术密集程度更高的制造业对服务业整体及知识密集型生产性服务业的需求和供给也更大（李蕾，2018）。

综上来看，生产性服务多具有知识、技术和高素质人力资本密集的特征，从供给角度看，进口的高质量生产性服务通过溢出效应，对国内制造业的成本降低、产出增加和产业升级均产生积极影响。从需求角度看，随着制造业服务化趋势的不断推进，国内制造业发展对国际先进生产性服务的需求与日俱增，对生产性服务进口产生一定后向拉动效应。制造业服务化作为一

---

① 张昕. 生产性服务进口与制造业升级的双向联动机制——中国制造业发展的经验分析 [J]. 西部论坛，2021，31（05）：15 - 33.

条重要的中间路径,将制造业与生产性服务出口联结起来。一是制造业内部服务化下,企业自行开展与制成品呈互补或替代关系的研发、设计、金融租赁等生产性服务。二是制造业外部服务化下,随着产业分工的不断细化,生产性服务项目逐渐从制造业内部分离出去。不论由制造业企业还是生产性服务企业来供给服务,随着生产性服务规模、质量和竞争力的不断提升,其出口逐步扩张,国内生产性服务要素嵌入全球价值链中(张昕,2019)。

第四节　生产性服务贸易与制造业的联动阻力

尽管在全球价值链框架下,生产性服务贸易与制造业联动的机遇与潜力巨大,但二者联动的阻力在一定程度上依然存在,主要体现在以下几个方面。

第一,宏观层面。基础设施网络、产业间信用共享和沟通对接机制短期内难以满足二者联动发展的需要。由于开放有限,跨国生产性服务企业的进入壁垒为二者联动造成了阻碍(张昕,2019)。

第二,中观层面。资金联通、人才流动与科技成果转化机制不健全,生产性服务业集聚效应不足。生产性服务对制造业的促进作用日益凸显,但制造业对生产性服务业和生产性服务贸易的后向拉动力未引起广泛关注(张昕,2019)。

第三,微观层面。一是短期内制造业企业对生产性服务可能为其带来潜在经济收益存在疑虑。二是即便企业认识到服务在生产中所起的作用,但提供服务超出其竞争力范围。三是制造业企业的服务策略和组织架构有待完善(顾乃华、夏杰长,2010)。[①] 四是数字时代,制造商面临与其传统商业模式的兼容障碍,而这在很大程度上与其缺乏数字视觉、以产品为中心的价值链以及对以企业为中心的利润获取方式的偏见有关(David Sjödin, Vinit Parida &

---

① 张昕. GVC 视角下中国生产性服务贸易与制造业联动互促政策思考 [J]. 中国经贸导刊(中), 2019(02): 9 - 11.

Ivanka Visnjic，2022）。

鉴于此，可重点从"产业融合""服务业扩大开放"等维度，加强生产性服务贸易与本国制造业联动互促，推动制造业企业的服务化转型，优化服务贸易结构并提升服务贸易竞争力水平（张昕，2018）。

第五节 本章述评

根据国内外现有研究对生产性服务业的定义，本章首先归纳出生产性服务具有属于中间投入品、熟练劳动力及知识技术密集、呈规模报酬递增、可贸易性、创新性、与制造业关联性强等显著特征。然而，通过整理文献发现，关于生产性服务业的具体外延，学界仍未有明确界定。

本章基于全球价值链下跨国产业融合视角，梳理出两条关于生产性服务贸易与制造业联动的核心论点。

第一，生产性服务业与制造业的融合以及制造业服务化成为生产性服务贸易与制造业联动的中间路径。一方面，陆续有学者探究过生产性服务业与制造业融合的动因、过程与模式等问题。已有学者提出，价值链的高度相关性是二者融合的基础动力。随着生产性服务业与制造业边界的愈加模糊，二者价值链分解为碎片化的区段，其主要以互补型、延伸型和替代型方式实现重组。另一方面，制造业服务化成为联结生产性服务贸易与国内制造业的中间桥梁。不过，学界关于制造业服务化起源的认识仍未得到统一。从方向上看，制造业服务化可被分为投入服务化和产出服务化。根据服务供给主体的不同，其又可分为内、外部服务化两种。制造业服务化在塑造制造业企业核心竞争力、提升制造业企业盈利能力及助推价值链升级等方面作用显著。

第二，以全球价值链下的产业融合为基础，一国的生产性服务贸易与制造业联动互促、协同发展。首先，国际服务链接将不同的生产区块联结在一起，提高了全球价值链框架下生产的碎片化程度和劳动力分工程度。生产性服务进口作为重要的中间投入，有助于提升制造业产出水平、提高制造业创新能力、提升制造业生产效率、扩大制造业出口规模、助推制造业产业升级和国际竞争力提升。其次，制造业为生产性服务业发展提供重要支撑；制造业服务化成为联结制造业与生产性服务出口最为重要的路径，对生产性服务贸易出口动能产生了积极的影响。然而，生产性服务贸易与制造业联动的阻力依然存在，亟待消除。

从现有研究来看，虽然已有众多学者围绕生产性服务业与制造业的关系展开探讨，但此类研究多为一国封闭条件下的产业融合问题。即便置于全球价值链背景之下，也大多仅围绕生产性服务进口对制造业的影响，或者服务贸易与货物贸易的关系维度展开，对于制造业反向助推生产性服务贸易发展的研究较为有限，并且缺乏系统性的机制分析。

本书在已有文献的基础之上，进一步对生产性服务贸易与制造业的联动机制进行梳理，并将产业融合问题置于全球价值链框架之下，运用世界投入产出表将二者的联动互促效应进行测算和计量，试图厘清生产性服务贸易与制造业整体及细分行业联动互促的脉络，进而使产业政策制定得到理论上的指导。

第三章

中国生产性服务贸易与制造业发展现状

第一节 中国生产性服务贸易发展现状

改革开放以来，尤其是加入世贸组织之后，中国对外开放的脚步日益加快，服务贸易发展前景广阔。生产性服务作为一种重要的中间投入，其贸易自由化对一国优化资源配置、提升制造业生产力以及产业转型升级等均颇为关键；生产性服务贸易对中国服务贸易整体发展的重要性亦愈加凸显。

鉴于世界投入产出数据库中的数据只包含 2000～2014 年的相关数据，且其中未包含知识产权使用费这一重要的生产性服务类别。联合国贸易和发展会议数据库 UNCTAD 则涵盖至最新 2020 年的数据，且包含货物相关服务，运输服务，建筑服务，保险服务，金融服务，知识产权使用费，通信、计算机和信息服务，其他商业服务几大生产性服务类别较为完整的数据，故本节在分析中国生产性服务贸易发展现状时使用 UNCTAD 数据库，以期得到较为准确的结论。

一、中国生产性服务贸易规模

首先从我国服务贸易整体来看，2022 年 1 月 30 日商务部发布的 2021 年全年服务贸易发展情况显示，2021 年我国服务贸易持续快速增长，全年服务进出口总额达 52982.7 亿元，同比增长 16.1%；其中服务出口 25435 亿元，增长 31.4%；进口 27547.7 亿元，增长 4.8%。服务出口增幅大于进口 26.6 个百分点，带动服务贸易逆差下降 69.5% 至 2112.7 亿元，同比减少 4816.6 亿元，为 2011 年以来的最低值。受疫情影响，与 2019 年同期相比，服务进出口下降 2.2%，两年平均下降 1.1%，其中出口增长 30%，两年平均增长 14%；进口下降 20.4%，两年平均下降 10.8%。其中，知识密集型服务贸易稳定增长。2021 年，知识密集型服务进出口总额达 23258.9 亿元，增幅高达 14.4%。运输服务贸易伴随货物贸易的高速增长而大幅增长，2021 年其进出口额为 16821.5 亿元，增长 61.2%，其中运输服务出口 8205.5 亿元，增长 110.2%，运输服务进口 8616 亿元，增长 31.9%，成为服务贸易十二大领域中增长最快的部门。①

2022 年 1~4 月，我国服务贸易继续平稳增长。服务进出口总额 19074.9 亿元，同比增长 21.9%；其中服务出口 9332.6 亿元，增长 25.1%；进口 9742.3 亿元，增长 19.1%。服务出口增幅大于进口 6 个百分点，带动服务贸易逆差下降 43.1% 至 409.7 亿元。其中，知识密集型服务贸易稳定增长。1~4 月，知识密集型服务进出口 8009.9 亿元，增长 9.3%。知识密集型服务出口 4563.6 亿元，增长 10.4%；出口增长较快的领域是电信、计算机和信息服务与其他商业服务，分别增长 13%、12.4%。知识密集型服务进口 3446.3 亿元，增长 8%；进口增长较快的领域是保险服务，增速达 91.2%。②

---

① 商务部网站. 商务部服贸司负责人介绍 2021 年全年服务贸易发展情况 ［EB/OL］. http：// mo. mofcom. gov. cn/article/tjsj/ zwfengsu/202203/20220303283603. shtml.

② 商务部网站. 商务部服贸司负责人介绍 2022 年 1~4 月服务贸易发展情况 ［EB/OL］. http：//perth. mofcom. gov. cn/article/jmxw/202206/20220603316328. shtml.

聚焦至生产性服务贸易领域，其在我国服务贸易总体中占有十分重要的地位。UNCTAD 最新数据显示，长期以来，生产性服务贸易进出口总额占服务贸易总体的比重接近 2/3，2020 年该占比高达 76.02%。我国生产性服务贸易进出口总额自 2005 年以来总体保持上升态势。即便新冠肺炎疫情对全球经济造成了较大的冲击，我国生产性服务贸易总体仍然保持坚挺，且于 2020 年进出口规模达到峰值 5030.13 亿美元，同比增幅达 3.05%，与 2005 年的 1099.79 亿美元相比，扩张了 3.57 倍。

放眼全球来看，我国生产性服务贸易总体规模与美国、英国与德国等发达国家的差距在不断缩短。2005 年，美国、英国与德国生产性服务贸易总额分别为我国生产性服务贸易总额的 4.24 倍、2.87 倍和 2.33 倍；2020 年该比值则分别降至 1.92 倍、0.97 倍和 1.07 倍，且该年我国生产性服务贸易进出口总体规模首次超过英国。

二、中国生产性服务贸易结构

（一）贸易逆差略有扭转

从我国服务贸易整体情况来看，其总体规模持续走高主要得益于进口的飞速增长；服务贸易出口发展严重滞后于进口，总体逆差持续已久。2018 年我国服务贸易逆差值高达 2537.04 亿美元，较 2005 年相比扩大了 45.11 倍，尽管 2019～2020 年逆差有所收紧，2020 年逆差值依然达到了 1004.59 亿美元。然而美国、英国等服务贸易强国长期以来保持顺差态势，2020 年服务贸易顺差值分别高达 2453.42 亿美元和 1376.91 亿美元。

从出口和进口结构来看，我国生产性服务贸易出口额与进口额于 2020 年均达峰值，分别为 2597.21 亿美元和 2432.92 亿美元，较 2015 年相比涨幅分别高达 4.35 倍和 2.96 倍。

从贸易收支情况来看，我国生产性服务贸易逆差长期持续但近两年有所扭转。2005～2018 年，我国生产性服务贸易逆差长期持续，年均逆差值高达 166.46 亿美元。2019 年和 2020 年我国生产性服务贸易收支情况有所改善，连续两年呈现顺差，顺差值分别为 38.22 亿美元和 164.29 亿美元。得益于此，2019 年和 2020 年我国服务贸易总体逆差值分别下降 14.27 个和 53.81 个百分点。

鉴于生产性服务贸易在我国服务贸易整体中的重要性，缩小生产性服务贸易逆差将成为优化我国服务贸易总体结构和减少贸易逆差的重要突破口。

(二) 行业发展不够均衡

从出口来看，我国生产性服务贸易各细分行业出口额基本呈增长态势，但各行业出口规模和增幅差异较大：①其他商业服务出口规模优势业已涌现，但竞争优势有待保持。2010 年其出口总额首次超过运输服务，之后便成为生产性服务出口总额中占比最高的行业；2005 ~ 2020 年其出口额在生产性服务出口额中的年平均占比为 33.58%。②传统生产性服务行业——运输服务、货物相关服务和建筑服务的出口虽颇具规模，但增长缓慢，优势地位有待巩固。三者出口额在 2016 年均呈明显下降趋势；2020 年仅运输服务出口有所增长，货物相关服务和建筑服务出口受疫情影响均显著下滑，降幅分别高达 15.52% 和 14.42%。③通信、计算机和信息服务出口额基本持走高态势，增长稳健，发展前景乐观。2005 年其出口额仅占生产性服务贸易出口额的 4.79%；随着数字经济的蓬勃兴起，2015 年其出口首次超过货物相关服务，成为继其他商业服务和运输服务之后的第三大生产性服务出口行业，2018 ~ 2020 年其一直保持第二大生产性服务出口行业的地位。④知识产权使用费、保险服务和金融服务的出口规模过小，出口发展尤为滞后，需引起重视。2020 年三者出口额占生产性服务贸易出口额的比重分别仅为 3.42%、2.10% 和 1.64%。

从进口来看，我国生产性服务进口规模总体呈周期性上升态势，但进口质量亟须提高：①运输服务作为传统优势行业，其进口在生产性服务贸易进口中的占比最高，但自 2015 年开始至 2020 年，其进口规模出现过 4 次下滑；受疫情影响，2020 年其进口规模降幅达 9.59%，发展动能受限。②其他商业服务进口为我国生产性服务进口规模的第二大行业，但其竞争优势仍有待加强，2020 年其进口增幅仅为 1.43%。③通信、计算机和信息服务以及知识产权使用费进口的整体增长趋势较为显著，即便是全球疫情最为严重的 2020 年，二者进口规模也仍达到了 22.74% 和 9.62% 的涨幅。且随着我国对知识产权保护力度的不断加大，以及数字技术的迅猛发展，二者进口发展潜力持续增强。④货物相关服务和建筑服务的进口虽具一定规模，但其在我国整体生产性服务贸易进口中占比甚微，2020 年该占比分别仅为 1.59% 和 3.35%。可见，加强服务贸易与货物贸易的协调联动可能成为日后我国服务贸易开放的一大着力点；同时，在我国劳动力要素价格日益攀升的背景下，适度加大建筑服务进口对于增加劳动力要素供给、提高供给质量具有一定的积极意义。⑤金融服务和保险服务长期以来进口规模较小，2020 年二者进口额占我国生产性服务进口总额的比重分别为 1.30% 和 5.07%。但从增速来看，2020 年二者进口增速分别达到 28.74% 和 14.72%。因此，作为未来我国服务业高质量发展的重点领域，积极推进金融、保险等知识、技术密集型生产性服务业开放刻不容缓。具体见图 3 - 1。

三、中国与他国生产性服务贸易国际竞争力比较

在分析一国某种产品或服务的国际竞争力时，通常的研究方法是计算其 TC 指数和 RCA 指数。然而，这两种指标所反映出的国际竞争力可能不完全一致，且可能指数显示其具有竞争力，但实际贸易收支却显示为逆差。故应充分考虑进口对出口的影响，分析国际收支情况。

开放环境中，仅分析中国生产性服务贸易整体及各部门的国际竞争力情况，难以全面反映出其实际发展特征和现实问题。因此，本节将中国与服务贸易强国的生产性服务贸易整体及细分行业的国际竞争力情况做比较，综合贸易收支情况、TC 指数和 RCA 指数三种测算方法，构建生产性服务贸易国际竞争力综合评价体系，通过比较，客观、全面地明晰中国生产性服务贸易国际竞争力水平，以期得出较为准确和相对全面的结论。

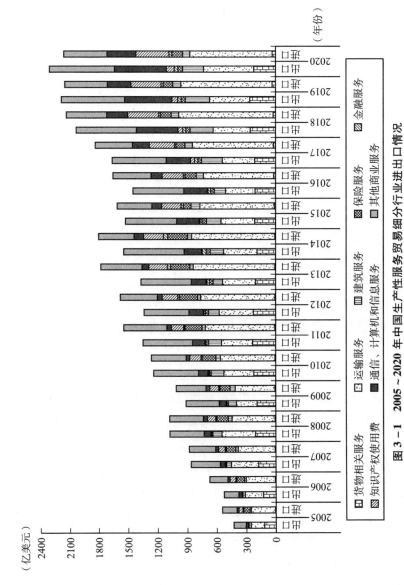

图 3 - 1 2005～2020 年中国生产性服务贸易细分行业进出口情况

资料来源：UNCTAD 数据库（BPM6）。

（一）生产性服务贸易收支情况比较

从整体来看，2005～2018 年中国生产性服务贸易始终保持逆差，于 2019 年和 2020 年呈现顺差。美国生产性服务贸易顺差总体逐步拉大，于 2018 年达到峰值——2201.69 亿美元，之后稍回落至 2020 年的 2139.92 亿美元，显著高于该年英、德生产性服务贸易顺差额。英国生产性服务贸易 2005～2012 年一直保持突出的顺差优势，2013 年被美国生产性服务顺差额所赶超，即便如此，其顺差优势依然显著。2008 年之后，德国生产性服务贸易仅于 2011 年和 2013 年出现过两次逆差，其余年份均保持顺差。可见，中国生产性服务贸易总体收支情况与美国、英国、德国差距依旧显著。

从各细分行业来看：①2005～2020 年中国货物相关服务，建筑服务以及通信、计算机和信息服务一直以来保持出超状态。②中国通信、计算机和信息服务贸易发展稳健，前景乐观。2020 年其净出口额明显高于美国、英国和德国的水平。③中国其他商业服务贸易与英、美其他商业服务贸易顺差额相去甚远，其于 2007 年首次实现顺差，之后发展迅猛但仍有待巩固。2005～2020 年德国其他商业服务净出口额始终为负，与中国相差巨大。④中、美、英、德四国运输服务在 2005～2020 年均呈持续逆差，但中国运输服务贸易的逆差问题最为严重。2005～2018 年，除 2006 年之外，中国运输服务贸易逆差值均大于生产性服务贸易总体逆差值；2019 年和 2020 年，尽管中国生产性服务贸易总体已呈顺差，但运输服务仍呈显著逆差。2018 年中国运输服务贸易逆差值触底，达 660.05 亿美元，分别为该年美国、英国和德国运输服务贸易逆差值的 3.81 倍、27.07 倍和 30.92 倍。可见中国运输服务贸易长期存在的巨大赤字是生产性服务贸易收支情况有待优化的主要症结。⑤中国保险服务和知识产权使用费常年保持贸易逆差。保险服务贸易净出口值与英国和德国相比差距颇大；知识产权使用费贸易收支情况远低于其他三国的水平。中国金融服务贸易 2016～2020 年一直呈现顺差，虽然低于其他三国金融服务贸易顺差水平，但在中国构建开放型经济新体制和以北京市服务业扩大开放综合试点为引领的服务业开放新形势下，发展前景乐观（见表 3-1 和图 3-2）。

表3-1 2005~2020年中、美、英、德四国生产性服务贸易收支情况

单位：亿美元

行业分类	国家	2005年	2006年	2007年	2008年	2009年	2010年	2011年	2012年	2013年	2014年	2015年	2016年	2017年	2018年	2019年	2020年
生产性服务总体	中国	-128.91	-164.83	-21.15	-2.30	-112.48	-25.23	-220.87	-272.87	-460.93	-287.71	-93.80	-228.05	-197.60	-113.73	38.22	164.29
	美国	502.60	534.06	806.39	855.67	856.91	1009.68	1278.24	1434.07	1646.23	1732.61	1690.94	1762.58	2020.55	2201.69	2189.34	2139.92
	英国	974.51	1176.22	1528.22	1417.88	1227.82	1258.88	1527.76	1557.85	1628.68	1676.04	1508.12	1494.60	1555.81	1702.96	1465.02	1415.49
	德国	-38.95	4.64	-1.64	62.91	198.98	30.12	-5.62	9.20	-79.37	140.71	187.62	188.57	210.61	296.89	278.30	201.75
货物相关服务	中国	133.07	144.44	199.15	233.15	215.00	251.32	263.39	256.25	231.78	213.05	225.61	214.95	215.46	263.59	257.32	212.30
	美国	39.22	30.15	43.09	42.34	63.16	72.54	75.71	78.66	90.46	112.46	117.63	139.92	164.43	206.82	188.32	71.88
	英国	19.11	18.71	28.81	36.29	31.64	36.33	39.69	47.15	47.92	55.65	49.73	47.49	46.18	46.19	44.96	38.97
	德国	11.66	14.60	27.29	34.59	45.62	34.38	26.34	24.55	-62.57	11.93	21.52	15.73	21.18	42.70	45.72	46.91
运输服务	中国	-130.27	-133.54	-119.52	-119.11	-230.05	-290.46	-448.75	-469.49	-566.78	-579.15	-467.45	-467.53	-558.41	-660.05	-587.57	-370.57
	美国	-204.19	-183.22	-152.60	-146.00	-99.78	-120.37	-120.97	-110.85	-44.35	-91.23	-151.23	-106.12	-101.73	-173.34	-217.81	-157.05
	英国	-45.67	-47.75	-34.14	-0.02	-9.22	-12.33	-4.45	16.02	1.63	-12.93	-20.12	-11.61	-4.45	-24.38	3.70	-11.13
	德国	-82.28	-103.86	-125.95	-134.17	-46.65	-111.11	-118.78	-130.91	-131.23	-91.69	-57.73	-65.86	-42.06	-21.35	6.00	-69.61
建筑服务	中国	9.74	7.03	24.67	59.65	35.95	94.23	109.96	86.27	67.73	104.85	64.55	44.23	153.58	179.90	186.85	157.80
	美国	1.94	2.06	2.04	5.46	5.93	3.73	1.62	-1.06	-3.70	-2.44	-2.53	-0.78	1.03	-2.35	17.50	12.18
	英国	-3.80	-0.20	0.50	-4.50	2.82	2.44	8.64	4.91	9.63	12.97	10.30	11.69	9.20	8.18	16.17	-2.77
	德国	—	—	—	—	—	—	—	—	—	5.74	3.02	1.10	3.94	4.43	2.98	1.77

续表

行业分类	国家	2005 年	2006 年	2007 年	2008 年	2009 年	2010 年	2011 年	2012 年	2013 年	2014 年	2015 年	2016 年	2017 年	2018 年	2019 年	2020 年
保险服务	中国	-66.50	-82.76	-97.60	-113.60	-97.06	-140.28	-167.20	-172.71	-180.97	-178.80	-38.18	-87.59	-63.63	-69.57	-59.88	-68.93
	美国	-211.44	-299.37	-362.99	-449.53	-493.71	-485.98	-463.04	-427.69	-372.56	-362.91	-345.37	-361.27	-342.91	-246.79	-331.04	-351.86
	英国	150.66	167.33	196.15	217.99	187.75	169.24	201.06	220.88	272.41	299.48	200.96	218.60	202.89	215.36	221.99	234.21
	德国	1.80	40.53	34.93	35.09	61.02	40.87	27.21	66.64	43.72	48.40	50.39	63.54	51.87	46.55	43.77	48.41
金融服务	中国	-0.14	-7.46	-3.26	-2.51	-2.86	-0.56	1.03	-0.40	-5.06	-4.09	-3.10	11.78	20.77	13.60	14.38	10.93
	美国	254.34	295.17	402.12	503.78	489.44	592.97	707.65	766.83	805.10	871.63	823.57	820.90	913.86	930.03	948.36	1010.87
	英国	430.95	544.12	773.55	681.16	604.84	621.39	740.59	705.93	686.18	644.40	606.91	581.15	582.58	611.78	525.09	571.96
	德国	103.73	101.99	111.71	142.10	145.94	97.40	108.89	112.97	106.99	93.09	95.64	95.32	109.16	113.49	115.33	108.05
知识产权使用费	中国	-51.64	-64.30	-78.49	-97.49	-106.36	-122.09	-139.63	-167.05	-201.46	-219.37	-209.38	-228.12	-238.12	-300.36	-276.84	-287.50
	美国	403.39	479.23	598.83	619.06	563.09	638.52	741.42	728.08	785.29	788.18	759.73	710.07	737.42	720.83	737.99	707.95
	英国	46.36	48.76	72.85	41.20	40.32	40.42	38.00	37.23	70.02	77.09	78.16	73.02	87.56	90.72	52.96	55.60
	德国	-14.65	-19.21	-11.92	-12.97	2.04	11.55	33.25	38.94	48.56	47.14	59.40	174.78	166.73	203.60	200.26	198.66
通信、计算机和信息服务	中国	1.02	11.93	22.30	31.47	32.68	63.74	88.74	107.57	94.74	94.25	145.54	139.53	85.91	232.93	269.24	260.66
	美国	-28.36	-36.08	-33.21	-22.46	-11.13	-28.65	-34.56	2.37	4.57	1.68	26.12	34.02	45.66	75.44	118.05	180.88
	英国	59.85	77.30	89.64	92.36	69.59	91.84	125.26	115.20	117.53	120.78	132.61	133.22	166.76	199.63	132.08	147.95
	德国	-12.44	-5.31	-4.99	4.36	13.98	8.90	11.93	18.53	-11.55	35.42	28.86	-79.20	-92.43	-88.30	-104.45	-77.92

续表

行业分类	国家	2005年	2006年	2007年	2008年	2009年	2010年	2011年	2012年	2013年	2014年	2015年	2016年	2017年	2018年	2019年	2020年
其他商业服务	中国	-24.18	-40.17	31.60	6.13	40.22	118.88	71.59	86.69	99.09	281.56	188.61	144.70	186.84	226.23	234.72	249.59
	美国	247.70	246.12	309.11	303.00	339.91	336.92	343.41	397.73	381.42	415.24	463.02	525.84	602.79	691.05	727.97	655.07
	英国	317.06	367.96	401.84	353.40	300.08	309.54	378.98	410.51	423.37	478.62	449.56	441.04	465.10	555.47	468.06	380.69
	德国	-46.77	-24.10	-32.72	-6.08	-22.97	-51.86	-94.47	-121.53	-73.29	-9.30	-13.49	-16.82	-7.79	-4.23	-31.31	-54.53

资料来源：UNCTAD数据库（BPM6）。

（亿美元）

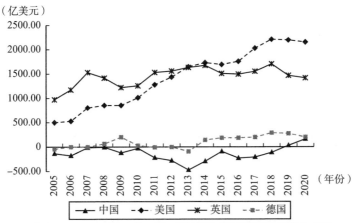

（a）2005~2020年中、美、英、德四国生产性服务总体贸易收支额

（亿美元）

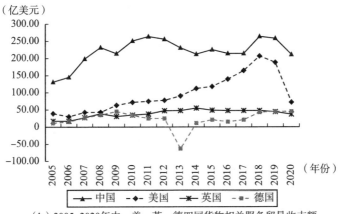

（b）2005~2020年中、美、英、德四国货物相关服务贸易收支额

（亿美元）

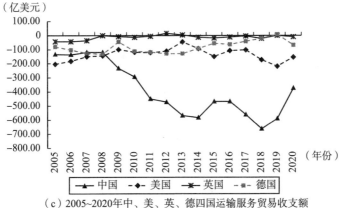

（c）2005~2020年中、美、英、德四国运输服务贸易收支额

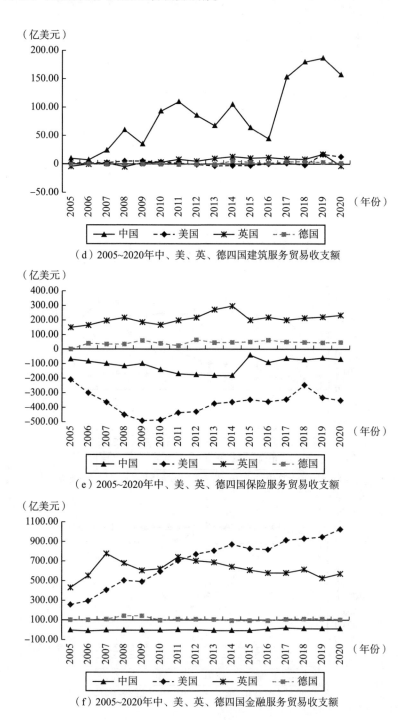

（d）2005~2020年中、美、英、德四国建筑服务贸易收支额

（e）2005~2020年中、美、英、德四国保险服务贸易收支额

（f）2005~2020年中、美、英、德四国金融服务贸易收支额

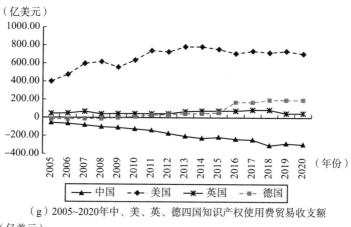

（g）2005~2020年中、美、英、德四国知识产权使用费贸易收支额

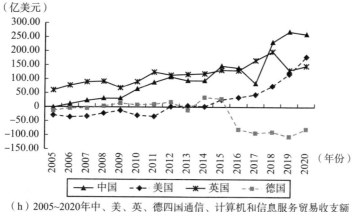

（h）2005~2020年中、美、英、德四国通信、计算机和信息服务贸易收支额

（i）2005~2020年中、美、英、德四国其他商业服务贸易收支额

图 3 - 2 　 2005 ~ 2020 年中、美、英、德四国生产性服务贸易收支情况

资料来源：UNCTAD 数据库（BPM6）。

（二） 基于 TC 指数的国际竞争力比较

TC 指数（trade competitive index）——贸易竞争力指数，也称为"贸易竞争优势指数"，是指一国某产品或服务净出口额占进出口贸易总额的比重。其可较好地反映该国该产品或服务较其他国家同种产品或服务是否具有一定竞争优势（张昕，2018），用式（3.1）表示：

$$TC_{ij} = \frac{X_{ij} - M_{ij}}{X_{ij} + M_{ij}} \qquad (3.1)$$

就本书而言，X_{ij} 和 M_{ij} 分别表示 i 国（中国、美国、英国或德国）服务 j 的出口额和进口额；j 可为生产性服务总体或细分行业。TC 指数值域为 [-1，1]。$TC_{ij} \in (0，1)$ 表示 i 国服务 j 具有显著贸易竞争力，且 TC 指数越接近于 1，竞争优势越大；TC 指数等于 1 表示该国在该服务上只出口无进口。$TC_{ij} \in (-1，0)$ 表示 i 国服务 j 的进口规模小于出口规模，具有竞争劣势，i 国为服务 j 的净进口国；TC 指数等于 -1 表示该国在该服务上只进口无出口（张昕，2018）。

由表 3-2 可知，2005～2018 年中国生产性服务贸易 TC 指数值始终为负，2019 年和 2020 年其 TC 指数值为正，但与美、英、德三国相比，仍存在显著差距。可见，中国生产性服务贸易总体竞争优势不强，且各行业发展不均衡。从各细分行业来看：①中国货物相关服务具有极强的贸易竞争优势，建筑服务及通信、计算机和信息服务持续具有较强贸易竞争力。前两种服务行业的贸易竞争力均高于其他三国水平，后者贸易竞争力强于美国和德国但低于英国；即便如此，此三项服务的贸易竞争优势仍需加以巩固。②德国其他商业服务不具贸易竞争优势；中国该服务的贸易竞争优势于 2007 年开始显现，但与美、英存在明显差距。③中国金融服务贸易基本保持竞争劣势，2016 年其指数值开始呈正，与美、英、德的差距骤缩，并于 2017 年略超德国，具有一定发展潜力。④中国保险服务和知识产权使用费贸易竞争劣势明显，亟须引起重视。⑤中、美、德三国的运输服务贸易国际竞争力一直呈现较弱态势，其中，中国运输服务贸易的竞争劣势最为显著。

表3-2 2005~2020年中、美、英、德四国生产性服务贸易TC指数情况

行业分类	国家	2020年	2019年	2018年	2017年	2016年	2015年	2014年	2013年	2012年	2011年	2010年	2009年	2008年	2007年	2006年	2005年
生产性服务总体	中国	0.03	0.01	-0.02	-0.05	-0.07	-0.03	-0.08	-0.13	-0.08	-0.07	-0.01	-0.05	0.00	-0.01	-0.12	-0.12
	美国	0.22	0.21	0.22	0.21	0.19	0.19	0.19	0.19	0.17	0.16	0.14	0.13	0.12	0.13	0.10	0.11
	英国	0.29	0.27	0.32	0.33	0.33	0.32	0.34	0.36	0.37	0.37	0.34	0.34	0.34	0.36	0.33	0.31
	德国	0.04	0.05	0.05	0.04	0.04	0.04	0.03	-0.02	0.00	0.00	0.01	0.06	0.02	0.00	0.00	-0.02
货物相关服务	中国	0.73	0.76	0.82	0.81	0.83	0.88	0.99	0.99	0.99	0.99	0.99	0.99	1.00	1.00	1.00	1.00
	美国	0.37	0.52	0.58	0.55	0.48	0.42	0.46	0.40	0.36	0.35	0.38	0.38	0.29	0.32	0.27	0.42
	英国	0.41	0.40	0.45	0.52	0.58	0.53	0.61	0.57	0.64	0.62	0.68	0.73	0.72	0.69	0.65	0.79
	德国	0.12	0.11	0.10	0.06	0.05	0.08	0.04	-0.23	0.17	0.18	0.25	0.34	0.24	0.18	0.09	0.08
运输服务	中国	-0.24	-0.39	-0.44	-0.43	-0.41	-0.38	-0.43	-0.43	-0.38	-0.39	-0.30	-0.33	-0.13	-0.16	-0.24	-0.30
	美国	-0.12	-0.11	-0.09	-0.06	-0.06	-0.08	-0.05	-0.02	-0.06	-0.07	-0.07	-0.07	-0.09	-0.10	-0.13	-0.15
	英国	-0.03	0.01	-0.04	-0.01	-0.02	-0.03	-0.02	0.00	0.02	-0.01	-0.02	-0.02	0.00	-0.05	-0.07	-0.07
	德国	-0.06	0.00	-0.02	-0.03	-0.06	-0.05	-0.07	-0.10	-0.10	-0.09	-0.09	-0.04	-0.10	-0.11	-0.11	-0.10
建筑服务	中国	0.49	0.50	0.51	0.47	0.21	0.24	0.52	0.47	0.54	0.60	0.48	0.23	0.41	0.30	0.15	0.23
	美国	0.35	0.39	-0.04	0.03	-0.02	-0.04	-0.06	-0.08	-0.02	0.03	0.07	0.07	0.07	0.04	0.06	0.07
	英国	-0.04	0.20	0.13	0.17	0.24	0.22	0.18	0.17	0.11	0.20	0.06	0.06	-0.07	0.01	-0.01	-0.14
	德国	0.05	0.07	0.10	0.10	0.03	0.08	0.12	—	—	—	—	—	—	—	—	—

续表

行业分类	国家	2005年	2006年	2007年	2008年	2009年	2010年	2011年	2012年	2013年	2014年	2015年	2016年	2017年	2018年	2019年	2020年
保险服务	中国	-0.86	-0.88	-0.84	-0.80	-0.75	-0.80	-0.73	-0.72	-0.69	-0.66	-0.28	-0.51	-0.44	-0.41	-0.39	-0.39
	美国	-0.58	-0.61	-0.63	-0.62	-0.63	-0.62	-0.60	-0.57	-0.54	-0.52	-0.52	-0.52	-0.47	-0.39	-0.47	-0.46
	英国	0.60	0.53	0.73	0.81	0.62	0.77	0.70	0.78	0.78	0.70	0.64	0.77	0.75	0.69	0.77	0.79
	德国	0.03	0.37	0.29	0.29	0.41	0.38	0.30	0.45	0.34	0.29	0.29	0.32	0.28	0.23	0.22	0.23
金融服务	中国	-0.05	-0.72	-0.41	-0.28	-0.29	-0.02	0.06	-0.01	-0.07	-0.04	-0.06	0.22	0.39	0.24	0.23	0.15
	美国	0.37	0.35	0.37	0.46	0.50	0.52	0.54	0.57	0.58	0.57	0.56	0.56	0.55	0.54	0.54	0.55
	英国	0.63	0.65	0.68	0.64	0.69	0.70	0.70	0.71	0.66	0.64	0.61	0.61	0.62	0.58	0.53	0.57
	德国	0.43	0.37	0.32	0.36	0.38	0.29	0.26	0.29	0.25	0.22	0.26	0.26	0.30	0.29	0.28	0.23
知识产权使用费	中国	-0.94	-0.94	-0.92	-0.90	-0.93	-0.88	-0.90	-0.89	-0.92	-0.94	-0.91	-0.91	-0.71	-0.73	-0.68	-0.62
	美国	0.46	0.51	0.55	0.53	0.49	0.51	0.53	0.51	0.53	0.51	0.52	0.46	0.45	0.46	0.47	0.45
	英国	0.19	0.20	0.29	0.17	0.17	0.17	0.15	0.16	0.25	0.24	0.23	0.24	0.26	0.23	0.14	0.14
	德国	-0.11	-0.16	-0.09	-0.08	0.01	0.08	0.18	0.23	0.22	0.18	0.23	0.44	0.37	0.39	0.38	0.38
通信、计算机和信息服务	中国	0.02	0.19	0.25	0.25	0.27	0.44	0.47	0.49	0.38	0.30	0.39	0.36	0.18	0.33	0.33	0.28
	美国	-0.08	-0.09	-0.08	-0.04	-0.02	-0.05	-0.06	0.00	0.01	0.00	0.03	0.04	0.05	0.08	0.12	0.19
	英国	0.27	0.29	0.30	0.29	0.24	0.29	0.36	0.31	0.30	0.27	0.30	0.32	0.38	0.41	0.32	0.36
	德国	-0.05	-0.02	-0.02	0.01	0.04	0.02	0.03	0.04	-0.02	0.06	0.05	-0.13	-0.14	-0.12	-0.14	-0.10

续表

行业分类	国家	2005年	2006年	2007年	2008年	2009年	2010年	2011年	2012年	2013年	2014年	2015年	2016年	2017年	2018年	2019年	2020年
其他商业服务	中国	-0.08	-0.11	0.05	0.01	0.06	0.13	0.07	0.09	0.09	0.26	0.19	0.14	0.18	0.19	0.19	0.20
	美国	0.28	0.23	0.24	0.20	0.22	0.20	0.19	0.20	0.18	0.19	0.20	0.21	0.22	0.24	0.24	0.22
	英国	0.29	0.30	0.28	0.24	0.24	0.24	0.26	0.26	0.26	0.27	0.26	0.24	0.24	0.24	0.20	0.17
	德国	-0.05	-0.02	-0.03	0.00	-0.02	-0.04	-0.06	-0.08	-0.04	-0.01	-0.01	-0.01	0.00	0.00	-0.02	-0.03

资料来源：根据 UNCTAD 数据库（BPM6）中数据计算而得。

进一步对照 2020 年中、美、英、德四国生产性服务贸易整体及各细分行业的 TC 指数,得到表 3 – 3。

表 3 – 3　　2020 年中、美、英、德四国生产性服务贸易竞争优势对照

TC 指数类型	中国	美国	英国	德国
贸易竞争优势极大 $TC_{ij} \rightarrow 1$ 或 $TC_{ij} = 1$	—	—	—	—
贸易竞争优势显著 $TC_{ij} \in (0,\ 1)$	货物相关服务(0.7334);建筑服务(0.4919);通信、计算机和信息服务(0.2833);其他商业服务(0.1982);金融服务(0.1469);生产性服务总体(0.0327)	金融服务(0.5471);知识产权使用费(0.4516);货物相关服务(0.3711);建筑服务(0.3500);生产性服务总体(0.2212);其他商业服务(0.2177);通信、计算机和信息服务(0.1898)	保险服务(0.7871);金融服务(0.5725);货物相关服务(0.4070);通信、计算机和信息服务(0.3608);生产性服务总体(0.2901);其他商业服务(0.1739);知识产权使用费(0.1417)	知识产权使用费(0.3827);保险服务(0.2330);金融服务(0.2276);货物相关服务(0.1187);建筑服务(0.0453);生产性服务总体(0.0373)
贸易竞争优势中度 $TC_{ij} = 0$ 或 $TC_{ij} \rightarrow 0$	—	—	—	—
贸易竞争劣势显著 $TC_{ij} \in (-1,\ 0)$	运输服务(-0.2433);保险服务(-0.3874);知识产权使用费(-0.6182)	运输服务(-0.1216);保险服务(-0.4627)	运输服务(-0.0265);建筑服务(-0.0364)	其他商业服务(-0.0296);运输服务(-0.0602);通信、计算机和信息服务(-0.1012)
贸易竞争劣势极大 $TC_{ij} = -1$ 或 $TC_{ij} \rightarrow -1$	—	—	—	—

(三) 基于 RCA 指数的国际竞争力比较

显示性比较优势指数(revealed comparative advantage index,RCA 指数)

由巴拉萨（B. Balassa, 1965）提出，其反映一国某种产品（服务）在全球出口贸易中的国际竞争力，如式（3.2）所示：

$$RCA_{ij} = \frac{X_{ij}/X_{it}}{X_{wj}/X_{wt}} \tag{3.2}$$

就本书而言，X_{ij}/X_{it}表示i国（中国、美国、英国或德国）服务j的出口额占该国服务出口总额的比重；X_{wj}/X_{wt}表示全球服务j出口总额占全球服务出口总额的比重；其中，j可为生产性服务总体或各细分行业。通常认为，$RCA_{ij} \in [2.5, +\infty)$、$RCA_{ij} \in [1.25, 2.5)$、$RCA_{ij} \in [0.8, 1.25)$、$RCA_{ij} \in (0, 0.8)$分别表示$i$国服务$j$具有极强、较强、中度及较弱的国际竞争力。

由表3-4可知，中、美、英、德四国生产性服务贸易总体的显示性比较优势均处于中等水平。中国生产性服务贸易RCA指数虽长期与英国和德国差距明显，但整体差距呈缩小态势并于2019年实现略微赶超。从细分行业来看：①中国货物相关服务具有极强的显示性比较优势，但仍有待保持。②由于具有充裕且价格相对较低的劳动力，2008年以来，中国建筑服务贸易具有极强的显示性比较优势；而其他三国由于人工成本高昂，其建筑服务贸易的竞争力则相对较弱。③中国其他商业服务贸易具有中度偏强的显示性比较优势，虽与英国仍存在一定差距，但与德国的差距明显逐步缩小，发展前景较为可观。④中、德两国运输服务贸易的显示性比较优势虽均处于中等水平，但前者与后者的差距从整体来看较为明显。然而比较可观的一点是，2020年中国运输服务贸易显示性比较优势已超过德国。⑤中国通信、计算机和信息服务贸易的显示性比较优势于2011年开始显现，强于美国的水平，与德国差距逐渐缩小，并于2012年赶超英国之后于2015年开始再次赶超德国。⑥中国保险服务、金融服务和知识产权使用费的国际竞争力整体较弱，与其他三国差距明显，亟待发展。

表 3 - 4　2005～2020 年中、美、英、德四国生产性服务贸易 RCA 指数情况

行业分类	国家	2005年	2006年	2007年	2008年	2009年	2010年	2011年	2012年	2013年	2014年	2015年	2016年	2017年	2018年	2019年	2020年
生产性服务总体	中国	0.88	0.88	0.99	1.01	0.99	1.08	1.04	1.03	1.03	1.09	1.08	1.07	1.13	1.15	1.19	1.09
	美国	0.97	0.97	0.98	0.98	0.99	0.98	0.98	0.98	0.97	0.97	0.95	0.96	0.98	0.98	0.99	0.98
	英国	1.19	1.17	1.17	1.17	1.18	1.17	1.18	1.18	1.17	1.15	1.15	1.16	1.17	1.17	1.15	1.08
	德国	1.08	1.08	1.08	1.11	1.13	1.13	1.13	1.14	1.14	1.14	1.16	1.17	1.17	1.17	1.17	1.06
货物相关服务	中国	5.12	5.00	4.72	4.54	4.64	4.38	4.08	4.02	3.51	3.09	3.36	3.18	2.97	2.83	2.79	2.20
	美国	0.53	0.55	0.58	0.55	0.68	0.70	0.71	0.69	0.68	0.75	0.79	0.78	0.79	0.86	0.84	0.46
	英国	0.26	0.27	0.32	0.42	0.41	0.48	0.48	0.56	0.57	0.59	0.59	0.51	0.52	0.48	0.52	0.48
	德国	1.52	1.61	1.32	1.17	1.24	1.17	1.07	1.08	1.17	1.56	1.66	1.57	1.66	1.70	1.78	1.75
运输服务	中国	0.91	1.04	1.08	1.06	0.85	0.92	0.88	0.97	0.94	0.92	0.99	0.95	0.95	0.92	0.97	1.23
	美国	0.72	0.71	0.66	0.65	0.65	0.63	0.64	0.65	0.65	0.63	0.61	0.62	0.61	0.64	0.62	0.48
	英国	0.55	0.49	0.46	0.47	0.50	0.47	0.48	0.51	0.49	0.49	0.50	0.51	0.49	0.47	0.54	0.36
	德国	1.04	1.04	1.09	1.12	1.15	1.19	1.18	1.13	1.15	1.09	1.12	1.11	1.13	1.17	1.20	1.05
建筑服务	中国	1.91	1.59	2.03	2.69	2.75	3.75	3.45	2.91	2.61	3.40	3.98	3.50	5.40	5.15	5.55	4.65
	美国	0.23	0.24	0.29	0.32	0.34	0.23	0.23	0.23	0.16	0.13	0.19	0.13	0.13	0.17	0.20	0.18
	英国	0.26	0.28	0.31	0.36	0.35	0.36	0.36	0.36	0.47	0.52	0.41	0.49	0.44	0.46	0.68	0.58
	德国	—	—	—	—	—	—	—	—	—	0.44	0.39	0.42	0.36	0.35	0.37	0.36

续表

行业分类	国家	2005年	2006年	2007年	2008年	2009年	2010年	2011年	2012年	2013年	2014年	2015年	2016年	2017年	2018年	2019年	2020年
保险服务	中国	0.29	0.22	0.27	0.34	0.40	0.40	0.61	0.65	0.74	0.81	0.94	0.79	0.74	0.78	0.75	0.67
	美国	0.82	0.85	0.88	1.01	1.01	1.05	0.93	0.92	0.84	0.85	0.85	0.85	0.95	0.95	0.94	1.01
	英国	3.33	3.23	2.76	3.05	3.13	2.77	3.00	2.95	3.30	3.61	2.87	2.78	2.68	2.72	2.79	2.70
	德国	0.85	1.52	1.45	1.31	1.66	1.35	0.96	1.67	1.21	1.37	1.64	1.78	1.56	1.54	1.54	1.43
金融服务	中国	0.02	0.02	0.02	0.02	0.03	0.08	0.04	0.10	0.17	0.23	0.12	0.17	0.18	0.15	0.17	0.14
	美国	1.47	1.44	1.48	1.60	1.55	1.62	1.67	1.68	1.65	1.75	1.64	1.65	1.75	1.80	1.87	1.89
	英国	2.64	2.63	2.82	2.90	2.89	2.84	2.86	2.72	2.57	2.35	2.38	2.39	2.35	2.35	2.24	2.12
	德国	1.22	1.09	1.05	1.18	1.28	1.04	1.11	1.08	1.05	0.95	0.92	0.88	0.85	0.84	0.90	0.87
知识产权使用费	中国	0.03	0.04	0.04	0.06	0.05	0.08	0.06	0.08	0.07	0.05	0.07	0.08	0.30	0.30	0.34	0.40
	美国	2.66	2.76	2.85	2.85	2.62	2.64	2.66	2.54	2.56	2.41	2.18	2.08	2.04	1.94	1.94	2.06
	英国	0.90	0.83	0.80	0.76	0.78	0.79	0.71	0.64	0.79	0.80	0.85	0.77	0.84	0.84	0.77	0.83
	德国	0.54	0.45	0.49	0.52	0.51	0.59	0.69	0.66	0.80	0.81	0.86	1.41	1.40	1.51	1.53	1.47
通信、计算机和信息服务	中国	0.44	0.56	0.57	0.63	0.66	0.75	0.85	0.97	0.97	1.02	1.23	1.32	1.26	1.66	1.73	1.48
	美国	0.61	0.58	0.58	0.58	0.58	0.58	0.56	0.59	0.59	0.57	0.56	0.58	0.59	0.55	0.57	0.56
	英国	0.84	0.86	0.81	0.83	0.79	0.90	0.87	0.85	0.82	0.80	0.81	0.80	0.85	0.80	0.61	0.57
	德国	0.99	1.01	1.05	1.04	1.00	1.18	1.16	1.21	1.17	1.08	1.13	0.91	0.95	0.90	0.85	0.78

续表

行业分类	国家	2005年	2006年	2007年	2008年	2009年	2010年	2011年	2012年	2013年	2014年	2015年	2016年	2017年	2018年	2019年	2020年
其他商业服务	中国	0.91	0.88	1.22	1.18	1.26	1.39	1.34	1.20	1.30	1.44	1.23	1.23	1.21	1.16	1.14	1.00
	美国	0.76	0.78	0.79	0.82	0.85	0.83	0.80	0.82	0.80	0.80	0.85	0.87	0.90	0.92	0.94	0.97
	英国	1.44	1.40	1.35	1.36	1.31	1.35	1.33	1.38	1.32	1.33	1.37	1.40	1.46	1.55	1.55	1.40
	德国	1.31	1.28	1.31	1.35	1.33	1.34	1.34	1.34	1.34	1.37	1.34	1.29	1.30	1.25	1.22	1.07

资料来源：根据 UNCTAD 数据库（BPM6）中数据计算而得。

进一步对照 2020 年中、美、英、德四国生产性服务贸易整体及各细分行业的显示性比较优势指数，可得到表 3−5。

表 3−5 2020 年中、美、英、德四国生产性服务贸易显示性比较优势对照

RCA 指数类型	中国	美国	英国	德国
显示性比较优势极强 $RCA_{ij} \in [2.5, +\infty)$	建筑服务 (4.6512)	——	保险服务 (2.6973)	——
显示性比较优势较强 $RCA_{ij} \in [1.25, 2.5)$	货物相关服务 (2.1955)；通信、计算机和信息服务 (1.4759)	知识产权使用费 (2.0578)；金融服务 (1.8896)	金融服务 (2.1189)；其他商业服务 (1.3975)	货物相关服务 (1.7476)；知识产权使用费 (1.4744)；保险服务 (1.4322)
显示性比较优势中度 $RCA_{ij} \in [0.8, 1.25)$	运输服务 (1.2333)；生产性服务总体 (1.0864)；其他商业服务 (1.0015)	保险服务 (1.0058)；生产性服务总体 (0.9827)；其他商业服务 (0.9670)	生产性服务总体 (1.0788)；知识产权使用费 (0.8349)	其他商业服务 (1.0711)；生产性服务总体 (1.0589)；运输服务 (1.0504)；金融服务 (0.8666)
具有显示性比较劣势 $RCA_{ij} \in (0, 0.8)$	保险服务 (0.6747)；知识产权使用费 (0.4038)；金融服务 (0.1405)	通信、计算机和信息服务 (0.5636)；运输服务 (0.4827)；货物相关服务 (0.4621)；建筑服务 (0.1816)	建筑服务 (0.5838)；通信、计算机和信息服务 (0.5716)；货物相关服务 (0.4831)；运输服务 (0.3582)	通信、计算机和信息服务 (0.7813)；建筑服务 (0.3586)

（四）国际竞争力综合比较结论

经 UNCTAD 最新数据进行数理统计，基于贸易收支情况，运用 TC 指数、RCA 指数构建指标体系，对我国生产性服务贸易的国际竞争力水平进行测算后发现，长期以来我国生产性服务贸易总体逆差持续，国际竞争力较弱。虽然在 2019 年和 2020 年其呈现出顺差的扭转态势，但与美国、英国、德国等世界服务贸易强国相比，差距仍然明显。我国生产性服务贸易的各细分行业发展不均衡问题十分突出，国际竞争力亟须巩固。

从我国生产性服务贸易 2005~2020 年的动态发展过程和 2020 年的静态

特征（如表 3-6 所示）来看，其国际竞争力呈现以下特征：①随着建筑服务外包能力稳步提升，我国建筑服务现已呈现出强劲的国际竞争力。②作为新兴服务业态，我国通信、计算机和信息服务以及其他商业服务的国际竞争优势逐渐显现，发展前景广阔，尤其是通信、计算机和信息服务，其收支情况、贸易竞争优势、显示性比较优势水平均显著优于美国和德国。③依托货物贸易的深厚基础，我国传统优势服务行业——货物相关服务具有中度国际竞争力，但随着数字时代新兴服务业态的崛起，其国际竞争力仍需加以巩固。④我国运输服务贸易虽然体量巨大，但国际竞争力较弱，其长期存在的巨大赤字对生产性服务贸易发展形成了一定的阻碍。⑤具有知识、技术密集特征的金融、保险、知识产权使用费的国际竞争劣势十分明显，与美国、英国、德国等服务贸易强国差距较大，是日后中国服务业扩大开放、进一步提升贸易自由化水平的重要着力点。

表 3-6　　2020 年中、美、英、德四国生产性服务贸易国际竞争力综合对照

国际竞争力类型		中国	美国	英国	德国
较强	贸易顺差、贸易竞争优势、显示性比较优势	货物相关服务；建筑服务；通信、计算机和信息服务；其他商业服务	生产性服务（总体）；知识产权使用费；金融服务；货物相关服务；其他商业服务	金融服务；保险服务；生产性服务（总体）；其他商业服务	金融服务；知识产权使用费；通信、计算机和信息服务；生产性服务（总体）；保险服务；货物相关服务
中度	贸易顺差、贸易竞争优势、显示性比较劣势	金融服务	建筑服务	通信、计算机和信息服务；知识产权使用费；运输服务；货物相关服务；建筑服务	建筑服务
较弱	贸易逆差、贸易竞争劣势、显示性比较优势	生产性服务总体；运输服务	保险服务	—	其他商业服务；运输服务
极弱	贸易逆差、贸易竞争劣势、显示性比较劣势	保险服务；知识产权使用费	通信、计算机和信息服务；运输服务	—	—

第二节　中国制造业发展现状

随着全球生产碎片化程度的不断加深，传统的垂直型分工、产业间分工模式逐渐向"垂直型分工＋水平型分工""产业间分工＋产业内分工"的复合多样化模式演进。伴随着全球价值链的升级，发达国家和发展中国家间的分工日益细化，发达国家的企业日渐开展设计、研发、营销等位于微笑曲线两端的生产性服务活动，而制造业重心逐渐向发展中国家转移。发展中国家承接全球制造业转移的外包能力得到持续提升，并沿 OEM（委托代工生产）—ODM（原始设计制造）—OBM（自有品牌制造）的路径以实现技术创新和产业升级。

伴随着发展中国家产业结构的升级和制造业竞争能力的不断提高，全球制造业回流趋势也日渐明显。作为世界上最大的发展中国家，中国回归制造业的趋势显著，提出大力发展制造业的愿景，并推出创新驱动发展战略和《中国制造 2025》行动纲领，以实现制造业强国发展目标。改革开放 40 年以来，中国制造业发展迅猛，制成品贸易体量巨大，技术结构不断优化升级，制造业对国民经济的增长与发展发挥着显著的推动作用。

一、中国制造业增加值规模

从体量上看，中国制造业发展迅猛。2004 年中国制造业增加值为6252.24 亿美元，虽高于德国、英国和韩国的制造业总量水平，但仅为日本和美国制造业增加值的 60.87% 和 38.94%。然而短短几年时间，中国制造业增加值便分别于 2007 年和 2010 年陆续超过日本和美国的水平，制造业规模跃居世界第一，成为名副其实的制造业大国。① 世界银行数据显示，2021年中国制造业增加值创出新高，达 4.87 万亿美元，为英国、韩国和德国的

---

① 马晓河. 中国制造 2025：重塑竞争新优势 ［M］. 北京：人民出版社，2017：2.

17.42 倍、10.66 倍和 6.30 倍，制造业大国地位稳固。中国制造业增加值占世界制造业增加值的比重也由 2005 年的 9.43% 逐年增至 2021 年的 29.76%。据可获得的世界银行最新数据来看（见图 3-3），2020 年，中、美、英、德、日、韩六国制造业增加值分别为 3.86 万亿美元、2.34 万亿美元、0.24 万亿美元、0.70 万亿美元、1.00 万亿美元和 0.41 万亿美元，各占该年全球制造业增加值 13.60 万亿美元的 28.39%、17.19%、1.76%、5.14%、7.32% 和 2.99%，可见中国制造业对世界制造业的整体发展贡献卓著，且这种影响力将不断持续。

从发展态势来看（见图 3-3），2005 年以来，中国制造业增加值规模总体呈走高态势，除 2016 年和 2019 年分别略微缩减 1.54% 和 1.16% 之外，其余年份均保持强劲增长，涨势显著强于全球总体及美、英、德、日、韩等国，2007 年涨幅达最高——28.73%。席卷全球的金融危机对中国制造业的发展也未造成显著影响；2008～2011 年，中国制造业增加值增长率分别高居 28.35%、9.24%、19.38% 和 25.83%。即便是受新冠肺炎疫情的影响，2020 年和 2021 年中国制造业增加值仍保持了 0.97% 和 26.04% 的增长。由此可见，中国制造业早已具备坚实的产业基础和强有力的抵御风险能力。

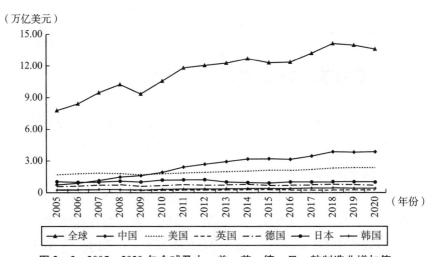

图 3-3 2005～2020 年全球及中、美、英、德、日、韩制造业增加值

注：由于 2021 年美国和日本制造业增加值的数据缺失，故本图只涵盖至 2020 年的数据。
资料来源：世界银行数据库。

二、中国制造业竞争力水平

在供给侧结构性改革背景下，中国制造业发展坚持以"提质增效"为先。原国家质量监督检验检疫总局连续多年发布《全国制造业质量竞争力指数公报》（以下简称《公报》）。该"质量竞争力指数"涵盖2个二级指标（质量水平和发展能力）、6个三级指标（标准与技术水平、质量管理水平、质量监督与检验水平、研发与技术改造能力、核心技术能力和市场适应能力）和12个统计指标（产品质量等级品率、工程技术人员比重、质量管理体系认证率、工业成本费用利润率、产品监督抽查合格率、出口商品检验合格率、研究与试验发展经费比重、技术改造经费比重、每亿元产值拥有专利数、新产品销售比重、人均产品销售收入和国际市场销售率）[①]，较为全面地反映了制造业竞争力情况，因此本书选取该指数来衡量中国制造业竞争力水平。《公报》显示，中国规模以上制造业（以下简称制造业）竞争力总体逐年攀升，但各细分指标略有差异。

中国制造业质量竞争力指数[②]由1999年的75.95逐年升至2015年的83.51（见图3-4）。2015年中国制造业标准与技术水平、质量管理水平、研发与技改能力、市场适应能力较上一年分别提高了0.44分、0.11分、0.18分和0.61分，而质量监督与检验水平、核心技术能力则分别降低0.40分和0.28分。可见，中国制造业整体质量监督与检验水平仍有较大提升空间，应以提高核心技术能力为重要突破口，提升制造业整体竞争力。

从细分行业看，计算机、通信和其他电子设备制造业，仪器仪表制造业，以及医药制造业较强的竞争优势逐渐显现。铁路、船舶、航空航天和其他运输设备制造业，电气机械和器材制造业，专用设备制造业，汽车制造业

[①]　《2015年全国制造业质量竞争力指数公报》。

[②]　2013年、2014年、2015年《全国制造业质量竞争力指数公报》根据质量竞争力指数，将制造业质量竞争力划分为5个阶段，即卓越竞争力［94～100］，较强竞争力［90～94），中等竞争力［84～90），初等竞争力［80～84）和欠竞争力［60～80）。

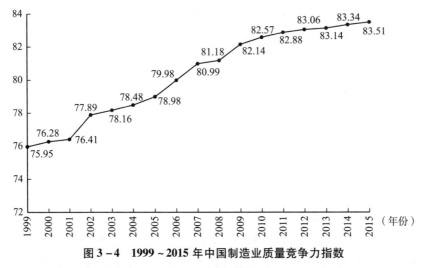

图 3 - 4　1999～2015 年中国制造业质量竞争力指数

资料来源:《2015 年全国制造业质量竞争力指数公报》。

以及通用设备制造业①具有中等竞争力和长期发展潜力。

从区域看，东部地区制造业持续领先，中、西部地区与之差距显著，呈"东高西低"梯度分布。前者制造业质量竞争力指数于 2007 年领先于中部地区 5.83 分，于 2012 年领先于西部地区 6.06 分。东北地区制造业发展受限，2015 年该地区制造业质量竞争力指数仅为 81.45，远低于东部地区的 87.48。

从省份（市、自治区）看，上海、北京、天津制造业持续领先。2010～2014 年，这三市制造业质量竞争力指数分别位居前三。其中，上海制造业实力雄厚且逐步向高端升级，其指数值自 2009 年以来一直稳居第一，2015 年高达 93.58，接近卓越竞争力水平。浙江、江苏制造业竞争力优势显著。前者 2015 年指数值高达 90.52，位居第三；后者 2006～2015 年一直处于前五水平。广东、安徽、重庆、陕西制造业竞争力亦较为显著，发展潜力较大。

虽然中国制造业竞争力水平稳步提升，但与发达国家相比仍差距明显。

---

① 2006～2015 年《全国制造业质量竞争力指数公报》。

长期以来，中国制成品附加值普遍较低，货物出口也以加工贸易为主，自主研发投入不够，自主知识产权产品和自有品牌的竞争力总体较为薄弱。因此，为提升中国制造业整体竞争力，加速产业转移、缩小东西部制造业差距以及提高制造业整体的技术水平刻不容缓。

三、中国制成品贸易规模

据 UNCTAD 数据（见图 3-5 和图 3-6）可知，制成品进出口规模在中国产品贸易总构成中占有举足轻重的地位。从出口方面来看，长期以来，中国初级品出口额占产品出口总额的比重不足 10%，2004～2021 年，该占比均不足 5%，2021 年达最低值 2.51%。而 2005～2017 年各年制成品出口额占全国产品出口总额的比重均逾 95%，年平均占比高达 96.16%。从进口方面来看，初级品进口额占比由 1995 年的 10.87% 增至 2021 年的 23.13%，而制成品进口占货物贸易进口额的比重由 1998 年的最高值 88.72% 降至 2021 年的 74.43%，尽管如此，制成品进口依然在产品进口总量中占据颇高比重。

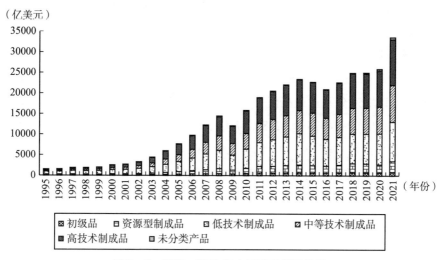

图 3-5　1995～2021 年中国产品出口结构

资料来源：UNCTAD 数据库。

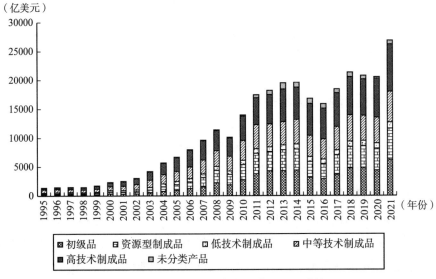

（亿美元）

□ 初级品　　□ 资源型制成品　　□ 低技术制成品　　□ 中等技术制成品
■ 高技术制成品　　□ 未分类产品

图 3 - 6　1995 ～ 2021 年中国产品进口结构

资料来源：UNCTAD 数据库。

2009 年金融危机、2015 年和 2016 年全球经济疲软，以及 2019 年经贸摩擦对中国制成品进出口规模造成显著的消极影响。这四年，中国制成品出口降幅分别为 16.01%、2.93%、8.07% 和 0.29%，进口降幅分别为 10.02%、11.06%、4.20% 和 3.15%。除此之外，1995 ～ 2021 年的其余各年，中国制成品进出口规模均显著增长，2003 年和 2004 年中国制成品进口增速和出口增速分别达最高值——39.35% 和 36.62%，见图 3 - 7。2021 年中国制成品出口总额高达 32280.17 亿美元，较上一年增长 29.85%，约为 1995 年制成品出口额 1328.14 亿美元的 24.30 倍。是年中国制成品进口总额为 19978.81 亿美元，与上一年相比增长了 25.49 个百分点，约为 1995 年制成品进口总额的 17.26 倍。

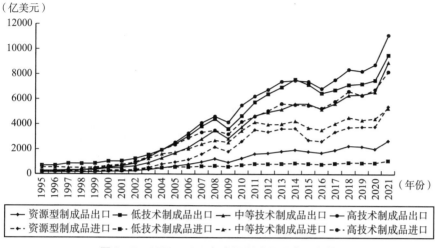

（亿美元）

→ 资源型制成品出口 → 低技术制成品出口 → 中等技术制成品出口 → 高技术制成品出口
-·- 资源型制成品进口 -·- 低技术制成品进口 -·- 中等技术制成品进口 -·- 高技术制成品进口

图 3 - 7　1995 ~ 2021 年中国制成品进出口规模

资料来源：UNCTAD 数据库。

从制成品内部的出口技术构成来看（见图 3 - 8）：①资源型制成品和低技术制成品出口份额不断下降。资源型制成品出口在制成品总出口中的份额由 1995 年的 12.40% 逐步下滑，2003 ~ 2017 年稳定在 8% ~ 9% 之间。低技术制成品出口额占制成品出口总额的比重由 1995 年的 52.17% 急速降至 2010 年的 30.64%；2021 年该占比达 29.52%，较上一年降低 0.66 个百分点。②中等技术制成品出口占比日益上涨，2021 年达最高值 27.75%。③高技术制成品出口份额总体呈增长态势，但技术升级动能仍有待加强。1995 年中国高技术制成品出口额为 193.50 亿美元，仅为该年低技术制成品出口规模的 27.92%；2021 年出口额达到峰值 11114.37 亿美元，成为中国出口额最高的制成品类别（按 LALL 分类标准）。但自 2004 年起，高技术制成品出口规模占制成品出口总额的比重便基本稳定在 1/3 之上的水平，因此，高新技术制造业企业的持续创新能力仍有待增强，应继续扩大高技术制成品出口，持续推进制成品出口技术结构的转型升级。

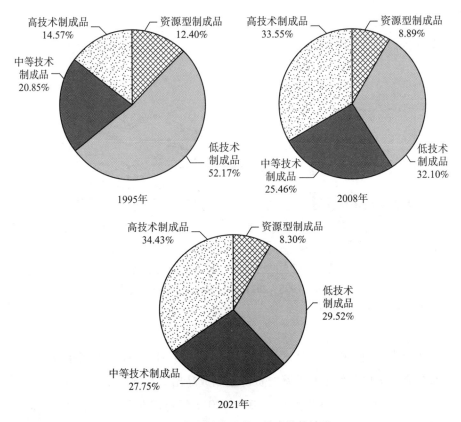

图 3 - 8   中国制成品出口技术结构演进

注：因四舍五入，合计数可能不等于100% 。
资料来源：UNCTAD 数据库。

制成品进口技术构成演进则主要呈以下特征：①资源型制成品进口规模与占比均日益上涨（见图 3 - 7 和图 3 - 9）。②低技术和中等技术制成品进口份额显著下滑。前者进口规模扩张缓慢，而后者进口规模扩张持续有力。2021 年中国中等技术制成品进口额达 5283. 36 亿美元，较上一年增长 26. 45 个百分点。③积极顺应高质量发展要求，高技术制成品进口规模巨大。加入世贸组织之后自 2002 年起，高技术制成品便超过中等技术制成品，成为在中国制造业进口总构成中占比最高的产品类别（LALL 分类标准）。2006 年高技术制成品进口份额达最大值——43. 59% ，2015 ~ 2021 年该占比依旧高居 40% 以上。可见随着中国经济由高速增长向高质量发展转型，中国产品贸易结构也呈现出"优进优出""质量并举"的特点。

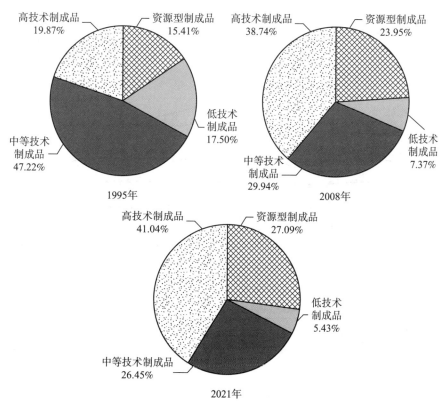

图 3-9　中国制成品进口技术结构演进

注：因四舍五入，合计数可能不等于 100%。
资料来源：UNCTAD 数据库。

四、中国制造业对国民经济增长的贡献

从全球制造业总体发展走势来看（见图 3-10），制造业对宏观经济拉动作用的动能有所下降，服务业产值对经济增长的作用愈显重要。但即便如此，中国制造业对国民经济增长的拉动效应依然显著。世界银行数据显示，2005～2020 年各年，中国制造业增加值占 GDP 的比重均高于全球总体以及

美国、英国、德国、日本和韩国的水平。2021 年中国制造业增加值占 GDP 的比重高达 27.44%，高于韩国的 25.39%、德国的 18.29% 以及英国的 8.77%。一些研究的相关分析表明，中国制造业与国内生产总值高度相关，这说明制造业对中国经济增长起着举足轻重的作用。①

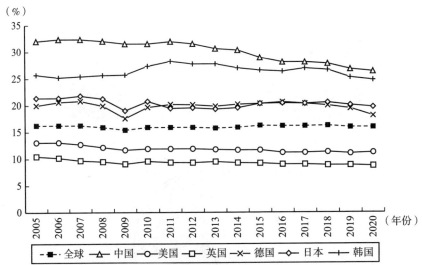

图 3 – 10　2005 ~ 2020 年全球及中、美、英、德、日、韩制造业增加值占 GDP 的比重

注：由于 2021 年美国和日本制造业增加值占 GDP 比重的数据缺失，故本图只涵盖至 2020 年的数据。

资料来源：世界银行数据库。

第三节　本 章 小 结

本章在已有文献研究结论和机制分析的基础上，对中国生产性服务贸易和制造业的发展现状进行分析，以期为下文进一步探究中国生产性服务贸易与制造业的联动效应作铺垫。

经统计分析后得出，中国生产性服务贸易具有以下特征：①从整体规模

---

① 马晓河. 中国制造 2025：重塑竞争新优势［M］. 北京：人民出版社，2017：3.

来看，生产性服务贸易在我国服务贸易总体中占有十分重要的地位。②从贸易结构来看，中国生产性服务贸易各细分行业进、出口增长明显，但行业间差距显著、结构不均衡的问题十分突出。③从国际竞争力水平来看，中国传统生产性服务业——货物相关服务和建筑服务的国际竞争力较为明显；通信、计算机和信息服务以及其他商业服务的国际竞争优势逐渐显现，发展前景广阔；运输服务长期存在的巨大赤字是生产性服务贸易逆差持续的主要症结；与此同时，金融、保险、知识产权使用费的国际竞争劣势十分明显，是日后中国服务业扩大开放、进一步提升贸易自由化水平的重要着力点。

中国制造业发展水平则体现为以下几个特点：①中国制造业增加值持续提升，且近年来在全球制造业增加值中长期居于首位，对世界制造业整体发展贡献卓著。②虽然中国制造业竞争力稳步提升，但与发达国家相比仍差距明显，且各地发展不均及内部行业结构失衡的问题显著。③中国制成品贸易规模在货物贸易总构成中占有举足轻重的地位，且随着中国经济由高速增长向高质量发展转型，中国制成品贸易结构也日益呈现出"优进优出"、"质量并举"的特征。

因此，鉴于中国生产性服务贸易和制造业发展仍存在一些问题，有必要探索中国生产性服务贸易与制造业的具体联动机制，在以生产性服务贸易助力制造业升级的同时，以制造业为支撑促进生产性服务业双向开放。

第四章

生产性服务贸易与制造业联动机制分析

生产性服务业与制造业存在一定的天然联系。在 GVC 跨国产业关联视角下，生产性服务贸易与本国制造业自然密切相关。不论从生产性服务业的起源——生产性服务业脱胎于制造业（刘志彪，2006），从制造业中分离而发展成为独立的产业，还是从 GVC 跨国产业链供需结构来看，二者均呈联动融合式发展态势。

随着制造业工业化、信息化、自动化、服务化程度的不断加深，单纯依靠传统的工业生产难以实现现代制造业高质量发展目标。以高新技术为支撑，充分发挥知识和人力资本的作用，以服务链接为重要融合剂，协调整个价值链、供应链、生产链，进而实现全方位立体式的产业联动实为当今制造业发展的主流。

第一节 生产性服务进口与制造业的联动效应

从制造业投入服务化来看，生产性服务进口与制造业呈双向联动。生产性服务多具有知识、技术和高素质人力资本密集的特征，从供给角度看，进口的高质量生产性服务通过技术溢出效应、知识溢出效应和人力资本溢出效应，对国内制造业发展产生积极影响。从需求角度看，随着制造业服务化趋势的不断推进，国内制造业发展对国际先进生产性服务的需求与日俱增，对上游生产性服务进口产生一定后向拉动效应（张昕，2021）。

一、生产性服务进口对制造业的供给效应

（一）技术溢出效应

由工业发展的历史进程来看，从 18 世纪以珍妮纺纱机、蒸汽机为代表的第一次工业革命，到以劳动力分工和规模化生产为特征的第二次工业革命，到第三次工业革命由电子和 IT 产业带动的自动化生产，再到以物联网大数据为代表的第四次工业革命，科技的进步推动着制造业的变革，带动了经济一次又一次的腾飞。

在产品价值创造的微笑曲线中，制造处于产品价值链的低端，以研发、设计为代表的服务处于产品价值链的高端（赵瑾等，2015）。对一些大型跨国公司而言，微笑曲线两端的生产性服务是这些公司提高管理效率、实现价值增值的关键。技术创新与技术进步为 GVC 下国际生产性服务要素与国内制造业部门的融合提供了基础和可能，提高了经济系统内各部门要素的资源配置效率。对国内制造业而言，生产性服务进口的技术溢出效应不仅体现在要素资源配置效率提升和产出增加方面，更重要的是，这种技术溢出增加了制造业内部的技术含量，有助于其实现产业升级。对此，生产性服务进口的技术溢出效应从方向上来看主要存在两种，即正向的技术扩散效应和跨国公司技术获取型 OFDI 的逆向技术溢出效应，且共呈现为三种模式。其中，模式 1 和模式 2 表现为正向的技术溢出效应，而模式 3 所反映的便是逆向技术溢出效应（见图 4-1）。

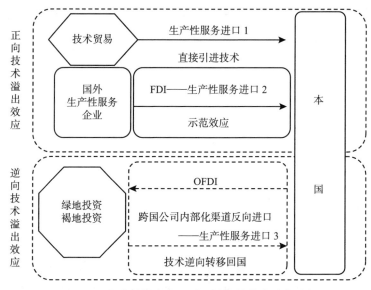

图 4 - 1　生产性服务进口对制造业的技术溢出路径

模式 1 为技术贸易（如知识产权使用费服务进口）将国外先进的技术引入到使用该服务的制造业部门内，直接增加制造业部门的技术含量。虽然技术转让费用较高，但相比传统技术水平下的生产而言，高技术对制造业的产出增加、效率提升的效用远大于其成本支出。

模式 2 为具有先进技术的国外生产性服务企业在本国开展直接投资活动。生产性服务企业进入国内市场，一方面优化了生产性服务要素的供给质量，对下游制造业产出产生推动力；另一方面对国内相关行业技术标准的制定以及对与之关联的制造业企业使用相关技术产生示范效应，进而使国内技术标准与国际高标准趋同，有效助推国内产业升级。

在模式 3 下，国内制造业企业赴海外开展直接投资活动，通过"绿地投资"模式新设建厂，与东道国的生产性服务企业建立良好联系，学习东道国企业先进的技术并将其逆向转移回国；或者国内制造业企业在海外进行褐地投资，开展跨国并购，将东道国被并购企业的先进技术内化为跨国公司的一部分，将其逆向转移回国，增加国内部门的技术含量，助力国内制造业部门实现技术升级（张昕，2021）。

（二）知识溢出效应

随着知识经济时代的到来，生产性服务业与制造业的融合更多地依靠知识、信息、技术，形成比较完善的知识链条。不同于普通的物化商品，知识具有溢出特性。罗默的内生增长理论亦强调了知识资本对生产的重要性。制造业企业与生产性服务组织通过构建"知识共生体"，不仅使知识互补或知识溢出效应得到增强，更重要的是二者在合作创新的过程中相互作用、协调运作，使整体功能大于各成员功能之和，继而构建出新的知识系统（苏敬勤、喻国伟，2008）。

以产业集群为例，生产性服务进口对制造业的知识溢出渠道如图 4－2 所示。广义的产业集群不仅包含特定行业内的企业，还包括与之相关的其他行业企业及社会团体、研发机构、基础设施供应商、顾客等。众多外资生产性服务企业集聚，与国内制造业企业广泛开展研发创新合作，进行经济、技术交流，知识在其间相互渗透、相互融合。外资生产性服务企业所蕴含的先进管理理念和组织行为方式渗透至其业务活动中，对制造业企业产生一定影响。与此同时，国内制造业企业通过"干中学"不断积累经验，隐性地学习外资企业先进的管理理念、组织行为方式等，加快了知识的转化效率，提高了知识资本积累的正外部性（张昕，2021）。

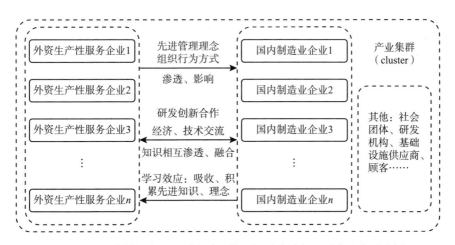

图 4－2　生产性服务进口对制造业的知识溢出路径：以产业集群为例

例如中关村产业园，其"一区十六园"的产业发展布局，将众多不同类型不同领域的企业聚集在一起，形成了强大的产业集聚效应。中关村产业园推出系列开放举措，吸引了众多外资企业，实现了园区内企业资源共享。与单独企业的能耗相比，产业集聚使得物质资源消耗率降低；空间集聚使得企业间的运输、运营成本下降。园内资源信息共享使得知识传播更为便捷、迅速。由于创新复杂，企业难以独立完成，需要多部门协同合作。空间距离的缩小促使部门间的经济技术交流愈发紧密。中关村产业园，尤其是作为高科技聚集区的海淀园区毗邻众多高校、科研院所，其间广泛开展产学研一体化创新，打通了各部门的知识链条，提高了知识成果转化效率，为下游制造业部门提供了创新活力。

（三）人力资本溢出效应

在制造业的生产过程中，除土地、能源、厂房设备等物质资本外，人力资本同样重要，且其逐步成为制造业企业管理运营方式改进、生产效率提升以及产业结构升级的关键。

亚当·斯密首先将"人力"视为一种资本。李嘉图在亚当·斯密劳动价值论的基础上将劳动力投入区分为直接劳动和间接劳动。在制造业投入服务化驱动下，生产性服务在制造业部门的投入增加，生产性服务进口对本国制造业的人力资本溢出效应也具有两层含义——直接效应和间接效应。

第一，国外生产性服务业的外籍人才通过直接的自然人流动方式，在本国开展研发指导、技术咨询等服务，为国内制造业部门解决诸多技术难题，为技术创新注入活力。同时，外籍人才为国内企业带来了先进的管理理念，帮助企业优化组织架构，改进经营方式。外籍人才的服务投入为本国制造业直接创造了价值，助力制成品实现价值增值。

由中国制造业发展特征可知，其地区发展水平不均，呈现出"东高西低"的特点，同时制造业结构失衡，产业升级迫在眉睫。然而由于教育结构等多种因素，中国职业教育、专业技能教育发展滞后，高级专业技术人才相对匮乏。而德国慕尼黑等地具有先进的制造业基础和丰富的专业技能人员储备，若从此类地区引进外籍专业技术人才将对国内制造业发展产生直接的外溢效应。又如，上海等东部沿海城市制造业发展水平相对较高，高端制造业不断兴起。上海为外籍人才推出了系列引进政策，吸引了大批国际专业技术服务人才，且这些外籍人才对先进制造业具有较高的青睐度，可以助力制造业向高端迈进。

　　第二，人力资本不同于普通的劳动力投入，生产性服务业中的人力资本多为受过高等教育和专业技术培训而从事复杂劳动的人员。除直接自然人流动之外，国外生产性服务业的人力资本要素以技术、知识为载体，对本国制造业发展间接发挥作用。例如，国外的软件开发工程师的思想、智慧凝结并转移至软件上，而这些软件作为中间投入作用于本国制造业部门，提高了该部门的技术和知识含量，助力企业降低成本、提高生产效率。

　　随着生产性服务业与制造业融合的逐步深入，以及制造业服务化程度的不断加深，价值链上下游的设计、研发、售后、品牌建设等服务环节的占比日益提升。在生产性服务进口对国内制造业技术溢出、知识溢出和人力资本溢出的三重作用之下，价值链生产制造环节中的技术、知识、人力资本含量增加，产品附加值随之提高，微笑曲线上移（见图4-3）。

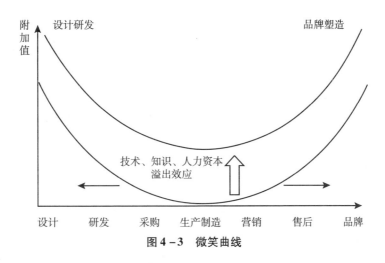

图4-3　微笑曲线

由此可见，进口的高质量生产性服务通过技术、知识和人力资本溢出渠道，作为中间品投入至国内下游的制造业部门中，其高附加值内化于制造业中，进而可能对制造业的产出增加、产业结构升级等产生系列影响，构成一种前向的推动力，从效率质量提升的供给侧助推制造业参与国内大循环。基于此，提出假说 H1：生产性服务进口对制造业的前向推动效应表现为推动产出增加和助力产业升级，且知识、技术密集程度越高的生产性服务进口对制造业高质量发展的推动作用越显著（张昕，2021）。

二、制造业对生产性服务进口的需求效应

以往只专注于生产的单一模式逐渐为整合系统的价值链、产业链整体所取代，价值增值更多地体现在生产的上游（研发、设计服务等）和下游（分销、售后服务等）环节中。企业能否在当今的经济全球化浪潮中占据一席之位，关键就在于其能否在这些富有高附加值、高技术的价值链上下游环节中获得竞争优势。由此，传统的"生产性制造"逐步向"服务型制造"转变，制造业的服务化趋势愈加明显，服务要素在制造业投入和产出中的占比日益提升。

第一，生产性服务普遍具有技术、知识、人力资本密集的特征。随着《中国制造 2025》行动纲领的提出，基于获取知识、信息、技术，以及降低生产、交易成本，提高经营效率的需要，制造业为实现高质量发展对生产性服务的需求日渐高涨。

第二，制造业对中间产品的需求是生产性服务业发展的决定性动力（Francois，1990），然而目前中国生产性服务业的基础尚为薄弱，对制造业发展的支撑力较为有限。我国早在 2017 年的《服务贸易发展"十三五"规划》中便提出，应"积极扩大国内急需的咨询、研发设计、节能环保、环境服务等知识、技术密集型生产性服务进口"。习近平主席在 2020 年服贸会致辞中强调，要"继续放宽服务业市场准入，主动扩大优质服务进口"。因此制造业对生产性服务进口的需求愈加强烈。虽然当前中国服务贸易逆差较大，但不能单纯追求顺差而放弃引入优质服务资源，不能忽视国外大循环这条发展路径。

第三，在制造业对生产性服务进口的需求刺激下，可以产生两种效应：一方面，生产性服务进口规模扩张，国内服务要素供给的种类增加，生产性服务供给质量得以提升；另一方面，以开放促改革，以开放倒逼改革，通过放宽服务业尤其是生产性服务业市场准入来推动实现高水平对外开放。国际生产性服务企业进入国内市场将产生"鲶鱼效应"——进入国内的外国生产性服务企业加速了市场竞争，激发国内生产性服务业活力，助其参与国内大循环体系。同时国内企业对标国际先进技术水平，有助于加快制定国内产业标准，对国内企业提升国际竞争力、跻身国际市场、提高在 GVC 中的参与度起到十分重要的促进作用，有利于参与国际大循环。对此提出假说 H2：制造业对生产性服务进口的后向拉动效应表现为促进进口规模扩张和进口质量提升，且高技术制造业对技术密集程度更高的生产性服务的进口需求更为强烈（张昕，2021）。

三、生产性服务进口与制造业的互促融合

鉴于生产性服务业与制造业的天然关联，二者相互融合、协调发展。综上可知，生产性服务进口通过技术溢出、知识溢出、人力资本溢出三种效应对国内制造业发展产生推动力，同时出于获取知识、信息、技术，以及降低生产交易成本、提高管理运营水平的需要，国内制造业对生产性服务进口不断产生需求，对生产性服务进口规模扩张形成拉动力。在全球价值链下，二者的互促融合分为价值链的分解与重组两个阶段。

第一阶段——价值链的分解。价值链的高度相关为二者融合创造了基础条件。全球价值链下，生产呈碎片式展开。在技术创新的驱动下，生产性服务业与制造业的价值链断裂，分解为碎片化的价值链区段。

第二阶段——价值链的重组。①国外生产性服务（生产性服务进口）作为重要的中间投入，嵌入国内生产制造环节中，其所蕴含的技术、知识和人力资本溢出至生产区段内（张昕，2021）。②与此同时，基于获取知识、信息、技术以及降低生产交易成本、提高管理运营水平的需要，国内制造业对生产性服务进口产生需求。③国外生产性服务与国内制造业价值链重组融

合，国外生产性服务价值链区段将碎片化的制造业价值链生产区段联结起来，形成二者融合后的新价值链区段。④多个不同的新价值链区段重组联结，最终形成新的价值链。

由于生产性服务进口的技术、知识、人力资本溢出效应，价值链生产区段逐步向上下游的服务环节移动，制造业部门的技术含量日益增加，生产成本逐步下滑，产出规模不断扩张，产品附加值日益提升。同样，国内制造业对生产性服务进口的需求增加将进一步引致生产性服务进口规模扩张，增强生产性服务业的开放力度。且随着制造业服务化程度的不断加深，制造业对富含更高技术、知识和人力资本要素的生产性服务，如金融保险服务，通信、计算机和信息服务，研发服务，法律、会计和管理咨询服务等的进口需求将更为强烈，对生产性服务进口结构的优化也将产生一定促进作用。

第二节　制造业对生产性服务出口的推动效应

随着制造业服务化趋势的不断演进、服务型制造模式的不断创新，产业结构的调整推动着国际贸易由传统的制造业飞速转向服务业，尤其是生产性服务业。服务业日渐成为世界商业舞台的主角，以金融服务，通信、计算机和信息服务，知识产权服务，商业服务为主体的现代服务业在生产性服务业中的重要性愈加凸显。而服务出口尤其是生产性服务出口可能成为改变全球经济格局和全球贸易规则的重要方式，其为维护和巩固全球化提供了强有力的支撑。①

从生产性服务业的起源来看，其脱胎于制造业母体。制造业是现代生产性服务业的基础；制造业内部的分工深化和生产性服务业的外生化，构成了一个相互决定的过程（刘志彪，2006）。然而值得注意的是，生产性服务业和制造业并非本为一体，现阶段二者的融合也不是一种对起点状态的回归，

---

① Loungani P，Mishra S，Papageorgiou C，Ke Wang. World Trade in Services：Evidence from a New Dataset［R］. IMF Working Paper，2019.

而是基于价值链融合下的耦合发展关系。概括地讲，制造业作为生产性服务业的密集使用者，其通过需求的传递作用（尚涛、陶蕴芳，2009），激发产业链下游生产性服务业的产出；又由于规模经济效应和范围经济效应，加之生产制造环节个性化需求下的长尾效应叠加，促使消费者获得感最大化，进一步促进生产性服务业的出口竞争力提升。

在全球价值链框架下，服务链接将跨国生产区块联结在一起，细观之，国内外制造业部门对本国生产性服务出口的推动作用存在三条路径。其中，第一条路径为国际分工下，国外制造业生产环节对国内生产性服务业产生一定需求拉动效应，助力生产性服务业发展，而国内生产性服务业在经过一定程度的发展之后便开始生产性服务出口。后两条路径为国内上游制造业产出的外部服务化和内部服务化对国内生产性服务出口所产生的直接推动效应。下面从产品内国际分工角度和一国内部制造业服务化两个方面分别探讨其对生产性服务出口的影响机制。

一、产品内国际分工促进生产性服务出口

当前，制造业企业对知识、技术或复杂性生产的需求日益高涨，制造业与服务业的融合愈加紧密，且这种融合不单单发生于一国内部，GVC 下二者的跨国产业融合趋势愈加显著。

生产专业化的提升和劳动力分工的细化引起生产区块碎片化（Jones R W，Kierzkowski H，1988）；跨国服务链接将位于不同国别不同区位的分散化生产区块连接在一起，形成全球化的生产网络。随着国际分工的日益深化，生产的碎片化程度不断提高，制造业和生产性服务业价值链的分解逐步加剧。

新服务经济时代，消费者对个性化、技术水平更为密集的服务需求亦愈加旺盛。服务业与数字技术深度融合，通过大数据和算法，制造业企业对消费者需求进行分析与预测。数字经济提高了服务业效率，且在技术支持下我国服务经济的贡献比其他国家表现得更好（江小涓，2020）。因此，成本效率更优的国内生产性服务市场对其他国家和地区具有更大的需求吸引力。尤

其当国外制造业中间投入要素进入国内市场之后，其对本土生产性服务的需求更为强烈，对下游生产性服务的推动力更为明显。在这种推动作用下，国内下游的生产性服务产出不断扩大、类别日益增多、个性化愈加凸显，形成一定的规模经济效应、范围经济效应和长尾效应，进一步拉动了本国生产性服务的出口竞争力。由此得到路径 1——GVC 下国外部门对国内生产性服务产生需求，即国际分工下的碎片化生产方式促使国外制造业部门对国际生产性服务要素存在一定需求，对本国而言即在这种需求刺激下激发生产性服务出口。但考虑到金融危机、疫情等外部环境变化的影响，路径 1 可能具有一定的不稳定性和脆弱性；尤其在"双循环"新发展格局下，产业链存在断供风险，国际循环不畅。为应对国内外形势结构性转变，要更多依靠国内循环（樊纲，2021）。由此本书提出假说 H3：国内制造业较国外制造业而言对中国国内生产性服务业产出的推动效应更大。

华为的通信技术服务出口即为满足国外部门生产性服务需求的一个典型案例。图 4-4 表示华为为 M 国 A 轻轨项目所提供的 EPC 模式（工程（engineering）、采购（procurement）、建设（construction））轨道交通水平通信集成服务。基于 M 国 A 轻轨项目面向全球通信企业的通信包需求，华为承接这一项目，提供从设计、设备采购到建设等一体化系统服务，开展服务出口，完成了 A 轻轨通信包的子系统集成化交付。同时树立了华为 EPC 模式在交通领域的标杆，并输出了一套完整的交通行业 EPC 项目交付文档，为全球类似项目的拓展和交付实现了有效支撑。[1] 在此项目的开展过程中，华为面临诸多挑战，如渠道不畅，缺乏可信的外购系统合作伙伴，项目周期长、复杂度高等，并且对方客户采用欧洲铁路标准，对技术有较高要求。对此，华为不断优化接口设计，采取本土化策略，聘请当地专家提高行业理解力，并向行业内专业公司咨询，优先选择当地合作伙伴，融入当地营商生态圈。此外，为提高服务出口的有效性，华为从全球寻求合作伙伴，组建整合的采购小组，以提高系统服务供给质量。

----

① Huawei. Selected Case Studies（全球服务标杆案例集锦）2017.

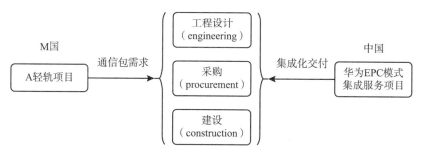

图 4-4　华为为 M 国 A 轻轨项目提供 EPC 模式轨道交通水平通信集成服务

二、国内制造业服务化促进生产性服务出口

制造业产出服务化反映了制造企业向"微笑曲线"两端服务环节的转型（魏作磊、王锋波，2021），其作为中间桥梁将制造业与下游的生产性服务业连接起来，通过内、外部服务化两条路径对生产性服务出口产生了一定的推动作用。

（一）制造业产出外部服务化对生产性服务出口的推动

从国内宏观经济整体来看，产业分工、产业分离、产业融合下，制造业对下游生产性服务业及其出口业务的拓展起到了重要支撑作用。一方面根据价值链理论，生产性服务业对工业具有外溢效应，其主要表现为，工业企业通过实行"主辅分离"将原先内置于企业之中的部分服务环节市场化、社会化之后，能够提高竞争优势和获得更高水平的利润（顾乃华，2010）。如图 4-5 所示，制造业企业将内部原先非核心的生产性服务 1 剥离而形成更为细分和专业化的生产性服务企业，继而随着市场化程度的不断加深逐渐形成独立的生产性服务业 1。生产性服务 2……生产性服务 n 的形成机制亦与之类似。另一方面生产性服务业务的开展也需要系列配套硬件设备予以支撑，制造业对生产性服务业具有明显的带动作用（王小波等，2016）。零部件等产品作为中间投入，为下游生产性服务业提供产业基础，如运输设备为运输服务提供物质基础；电力设备、通信设备为通信、计算机和信息服务所必需；食品质量直接关系航空运输服务水平等。由于生产性服务本身具有规模报酬递增的特征（Markusen J R，1989；赵瑾等，2018），在全球化背景下其产出规模增加。随着生产性服务业市场扩大，单位成本递减而取得成本优势，专业化程度日益加深，企业组织结构发生演变。一些生产性服务企业继而开拓国际市场，实现了生产性服务出口。由此可以得到路径2——制造业产出外部服务化：生产性服务业脱胎于制造业部门，同时制造业部门作为生产性服务业的基础，其中间投入对下游生产性服务部门会产生一定推动力，直接促进生产性服务出口。

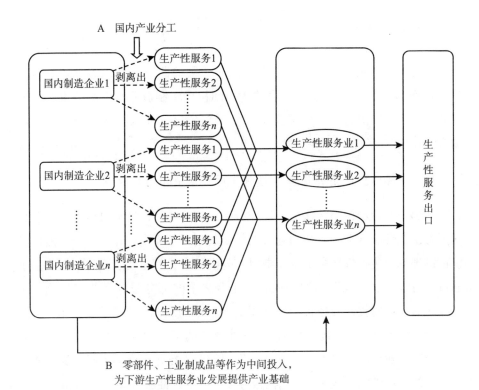

图4-5 制造业产出外部服务化对生产性服务出口的推动

图4-6描绘了国内产业分工下，顺丰速运的运输服务出口业务。随着中国电子商务的迅速发展，物流行业也日益繁荣。制造企业专注于产品制

造，而逐渐将物流环节交由专业的企业。顺丰速运在国内开展物流服务的同时积极开拓国际市场，开展服务出口业务，满足了广大国内卖家海外销售的需求。

顺丰在海外主要建有德国仓、中欧仓、东欧仓和俄罗斯仓，针对发往欧盟国家和俄罗斯的国内电商企业开展跨境交付服务。顺丰国际速运与海外第三方 ERP 企业对接，提供本土化销售服务，可实现本地出库、当天发货，实时监控订单信息，提供一体化系统解决方案，以有效降低企业的运营成本、提高运输效率。此外，顺丰还提供了相应的出口退税服务、退货服务和仓储融资服务等，满足了国内企业的多种服务需求。

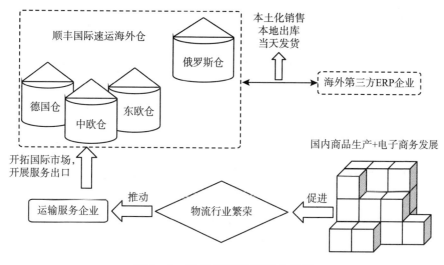

图 4-6　顺丰国际速运海外仓服务

生产性服务业普遍具有知识、技术密集的特征，一些互联网终端设备为银行等金融机构开展多项服务业务亦提供了坚实的基础。联想服务器保障光大银行跨境收付业务的顺利开展即为典型。联想 Think Server 服务器助力光大银行"跨行通"服务的技术路线见图 4-7。针对国内大型企业客户对其海外分支机构进行统一资金调拨和管理的需要，光大银行与外资银行联合开发了一套面向企业的线上资金管理系统。借助大数据，光大网银可与同业银行的主机服务器实现有效对接，帮助企业客户更为便捷地查账、转账、资金调拨等，同时提高跨境支付效率，为国际资本创造了更多投资机会。然而此项服务的顺利开展需要强大的服务器予以支持。联想 Think Server 服务器结合相关软件，实现了数据大容量存储，强化了数据的安全性和有效性，为光大"跨行通"业务的跨境交付提供了强有力的支撑，对国内大型企业的海外分支机构进行统一资金调拨和管理，进而助力企业跻身国际市场，推动光大"跨行通"金融服务向海外发展。

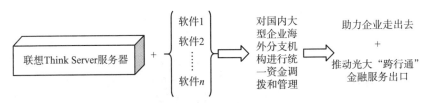

图 4 - 7 联想 Think Server 服务器助力光大银行"跨行通"服务

（二） 制造业产出内部服务化对生产性服务出口的推动

制造业产出服务化刻画的是企业价值链下游环节的变化，表现为企业主营业务由制造型产品向服务型产品转变，实现向价值链高附加值环节延伸（陈丽娴、魏作磊，2020），因此制造业和服务公司之间的界限也逐步瓦解（Neely A，2007）。如图 4 - 8 所示，随着消费结构的不断升级，消费者对于产品所富含的服务（功能）的需求不断提高。为适应市场需求和竞争环境的变化，企业以消费终端为核心开展柔性化生产，不断提高服务占比，创新或拓展与其制造型产品呈互补或替代作用的研发、设计、金融租赁、售后维修等生产性服务。而且参与 GVC 的出口制造型产品可能满足国外中间需求参与生产制造，也可能满足其最终需求进入消费者市场，因此其既包含中间品又包含制成品。

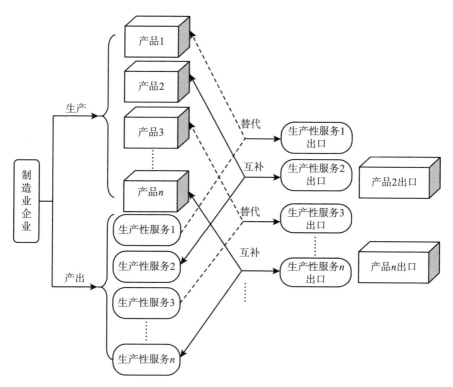

图 4 – 8 制造业产出内部服务化对生产性服务出口的推动

其中替代效应表现为在消费升级的驱动下，需求曲线发生位移，移至受知识、技术影响更大的"替代品"上。生产性服务所蕴含的新技术的使用促使产出成本下降，进而引致价格下降，消费者剩余增加。例如劳斯莱斯航空航天公司不再销售航空发动机，而是提供一个全面护理的解决方案即"按小时提供动力"的服务；又如 IBM 这样的传统"制造"公司，已经从根本上将其改造为服务业务提供商，从硬件的生产转向提供业务解决方案（Neely A，2007）。值得注意的是，制造业服务化并非"去制造化"，而是在制造业原有功能基础上的延伸和拓展，产品或制造业本身是制造业服务化的基础（许立帆，2014）。这种替代并不是指服务整体对制造型产品的完全替代，而是将有限的资源进一步优化配置。在价值链升级的关键节点上，加之生产性服务要素的产出，所以服务产出增加或者出口的增加对国内制造业实体经济发展并未造成冲击，从某种意义上看恰是对制造业价值链攀升提供了一定的动力。因此，大力发展先进制造业无论对制造业自身发展抑或对制造业服务化推进均具有十分重要的意义。除这种替代效应之外，还有一些公司则将服务业务与传统制造业结合起来，例如英国石油公司和壳牌公司均生产石油，但它们也都经营着广泛的服务零售业务（Neely A，2007），此类生产性服务便与其传统制造型产品形成了一定的互补，其出口规模也将随制造型产品的出口而扩大。随着这些企业所提供的生产性服务质量和效益的提升，企业竞争优势不断显现，规模效应和范围效应进一步凸显，出口竞争力亦得到明显增强。由此得到路径3——制造业产出内部服务化：制造业企业内部直接提供诸如研发、设计等生产性服务并开展此类服务的出口业务，这些生产性服务可作为制造型产品的互补品或替代品，嵌入 GVC 中，满足国外部门的中间需求。

众多中国制造业企业以内部服务化方式提供产品配套服务，并向海外客户广泛开展服务出口。其中，三一重工向全球客户提供系统的信息化服务便是一个典型案例。图4-9为三一重工面向全球提供信息化服务的技术路线。在全球价值链下，作为中国最大、全球第六大重型机械设备制造商，三一重工从售前咨询到售后设备维护，形成了一套以客户需求为导向的服务链。三一重工首创了 ECC 企业控制中心，对销往全球的重型机械设备实现实时监控服务，可远程处理设备故障。此外，三一重工在全球设立了1700多个服务中心，当远程服务难以有效处理设备故障时，三一重工将派海外服务中心的专业技术工程师对设备进行现场诊断和维护。三一重工的 CSM 客户服务系统覆盖全球，完善的信息化服务与销往海外的三一重型机械设备形成互补，提高了设备运行效率和排障效率，增加了用户满意度。信息化系统性的全周期解决服务是三一重工的核心竞争力。三一重工已成为行业标杆，引领业内企业向服务化转型。

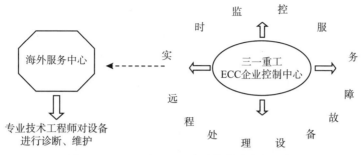

图 4 - 9　三一重工面向全球提供信息化服务

综上，由路径 2 和路径 3——制造业产出外部服务化和内部服务化推动下，生产性服务出口增加的机制分析，本书提出假说 H4：中国国内制造业中间投入对国内下游生产性服务具有一定的推动效应，以及假说 H5：在这种推动效应之下，由于规模效应等，生产性服务出口质量得到显著提升。同时可得出国内、外制造业对本国生产性服务出口推动效应的总体路径图（见图 4 - 10）。

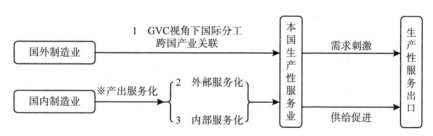

图 4 - 10　国内外制造业对本国生产性服务出口的推动路径

目前已有研究证明，制造业投入服务化对高质量服务出口具有显著的促进作用（魏作磊、刘海燕，2021）。与之类似，从制造业产出服务化角度来看，不同的制造业其要素禀赋不同，劳动生产率与产出水平存在差异，基于"产品差异化"效应，其与下游不同生产性服务业的关联度也存在差异。富含更多知识技术要素的高技术制造业对下游知识、技术密集程度更高的生产性服务产出及出口的推动力也更为强劲。这也可以从一定程度上解释不同生产性服务业具有迥然不同开放政策的现象。对此，本书提出假说 H6：制造业升级有助于生产性服务出口技术水平提升，高技术制造业对知识、技术密集程度更高的生产性服务出口存在显著的促进作用。

综上可知，中国生产性服务贸易与制造业联动亦分为两种机制，其路径如图4-11所示。机制1为中国生产性服务进口与国内制造业的联动效应。一是制造业投入服务化趋势下，生产性服务进口作为中间投入，引进先进的技术、知识和高素质人力，在三者的溢出效应下，制造业产出增加、产业升级、出口扩张，制造业整体发展水平得到显著提升。二是基于获取知识、信息、技术以及降低生产交易成本、提高管理运用水平的需要，制造业对国外生产性服务产生持续的需求，进一步拉动生产性服务进口。

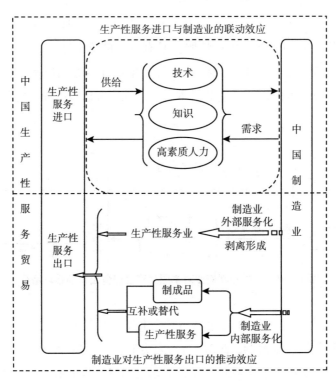

图4-11　生产性服务贸易与制造业联动效应结构

机制2为制造业产出服务化趋势下，中国制造业对生产性服务出口的推动效应。一是在国内产业分工驱动的外部服务化方式下，原先制造业中的生产性服务逐渐剥离而发展为独立的生产性服务业，同时制造业为生产性服务业提供了坚实的产业基础。随着生产性服务业供给能力提高，生产性服务出口规模逐渐增加。二是采用内部服务化方式的制造业企业，其在生产制成品的同时也为自身供给生产性服务；生产性服务出口与制成品出口呈互补或替代关系；制造业服务化程度的不断加深推动着生产性服务出口发展。由此可见，生产性服务贸易与制造业联动互促，形成动态循环回路。

第三节　生产性服务贸易与制造业联动理论模型构建

本小节将在上述机制分析的基础上，使用投入产出法，构建理论模型，为下文测算生产性服务贸易与制造业联动的相互作用力以及实证检验作铺垫。

一、非竞争型投入产出模型

随着全球经济一体化的不断深入，传统的产业间、产业内国际分工模式逐渐为产品内碎片化分工模式所取代，因此很难明确界定产品或服务单纯由哪一国生产或提供。制造业企业也由产品竞争转为价值链上不同环节的竞争。跨国服务链接将位于不同国别不同区位的分散化生产区块连接在一起，形成全球化的生产网络。这种全球化生产模式紧密围绕全球价值链、全球供应链、全球产业链而展开。作为制造业和服务业的融合剂以及生产环节的重要中间投入，生产性服务在全球价值链体系和国际碎片化生产网络中的作用愈显关键。生产性服务贸易与制造业有着千丝万缕的关联。因此，本书在全球价值链背景下探讨国际生产方式，在世界投入产出表的基础上探究生产性服务贸易与国内制造业的联动效应。

里昂惕夫（Leontief）于1936年前后提出和创立了投入产出技术，该技术在对外贸易领域的研究可以追溯到20世纪50年代。里昂惕夫运用美国1947年的投入产出表和贸易数据对比较优势理论进行实证检验，并提出了著名的"里昂惕夫悖论"。目前，世界投入产出数据库（World Input－Output Database，WIOD）可以看作对国际分散生产过程全球网络的描述（Claudio Di Berardino & Gianni Onesti，2020），其囊括了年度时间序列详细数据的世界投入产出表。投入产出表可以被广泛地用来分析全球化生产的区位和要素分布。

相较于 OECD 投入产出数据库等其他国际投入产出数据库，WIOD 数据库具有以下特征（Sarra，Di Berardino & Quaglione，2019；Claudio Di Berardino & Gianni Onesti，2020），显示出其权威性。首先，WIOD 提供了全球表格的时间序列，使我们能够分析随时间变化的趋势，而其他投入产出数据库，如经合组织的数据库，并不涵盖所有观察期，只提供有限年份的数据作为参考点，因此无法随时间进行协调。其次，世界投入产出表（World Input – Output Tables，WIOT）是从官方的国家投入产出表和国际贸易的可靠统计数据中得出的，具有明确的理论框架。因此，WIOD 清楚地显示了其数据来源和方法，是唯一允许复制其结构和结果的数据库（Timmer et al.，2015；Claudio Di Berardino & Gianni Onesti，2020）。此外，WIOD 特别关注服务分析。事实上，这些表格整合了 OECD、欧盟统计局、IMF、WTO、联合国数据库等多个数据来源，实现了不仅从货物而且从服务的视角分析国际贸易问题。最后，WIOD 可用于大量可行的应用，因为它是唯一一个提供了行业层面劳动力和资本投入适当数据的投入产出数据库（Timmer et al.，2015；Claudio Di Berardino & Gianni Onesti，2020）。

非竞争型投入产出模型在对外贸易中的应用十分广泛，它在一般性投入产出模型的基础上，将中间投入部分划分为国内中间投入和输入品中间投入，揭示了中间需求和最终需求对系统内部供应和系统外部输入的中间品消耗的不完全替代性。本书则在此基础上，根据世界投入产出表（WIOT），将中国生产环节的中间投入划分为国内产品（服务）中间投入和进口产品（服务）中间投入，并将国内和进口部分中间投入均细分为生产性服务部门、制造业部门和其他部门，构建反映中国生产性服务贸易与制造业联动的非竞争型投入产出模型（见表 4 – 1）。其中，作为投入部分的行业用 i 表示，作为产出部分的行业用 j 表示。[1]

---

① 张昕．生产性服务进口与制造业升级的双向联动机制——中国制造业发展的经验分析 [J]．西部论坛，2021，31（05）：15 – 33.

表4-1　反映中国生产性服务贸易与制造业联动的非竞争型投入产出模型

服务投入类别	行业分类	中间需求			国内消费与资本形成合计	最终需求			产出或进口
		生产性服务 (Dps) $1,2,\cdots,p$	制造业 (Dm) $p+1,p+2,\cdots,q$	其他 (Do) $q+1,q+2,\cdots,n$		出口 中间品出口	出口 最终品出口	最终需求总和	
国内产品（服务）中间投入	生产性服务 (Dps) $(1,2,\cdots,p)$	Z^{DpsDps}	Z^{DpsDm}	Z^{DpsDo}	CK^{Dps}	E_1^{Dps}	E_2^{Dps}	F^{Dps}	X^{Dps}
	制造业 (Dm) $(p+1,p+2,\cdots,q)$	Z^{DmDps}	Z^{DmDm}	Z^{DmDo}	CK^{Dm}	E_1^{Dm}	E_2^{Dm}	F^{Dm}	X^{Dm}
	其他 (Do) $(q+1,q+2,\cdots,n)$	Z^{DoDps}	Z^{DoDm}	Z^{DoDo}	CK^{Do}	E_1^{Do}	E_2^{Do}	F^{Do}	X^{Do}
进口产品（服务）中间投入	生产性服务 (Ips) $(1,2,\cdots,p)$	Z^{IpsDps}	Z^{IpsDm}	Z^{IpsDo}	CK^{Ips}	E^{Ips}		F^{Ips}	X^{Ips}
	制造业 (Im) $(p+1,p+2,\cdots,q)$	Z^{ImDps}	Z^{ImDm}	Z^{ImDo}	CK^{Im}	E^{Im}		F^{Im}	X^{Im}
	其他 (Io) $(q+1,q+2,\cdots,n)$	Z^{IoDps}	Z^{IoDm}	Z^{IoDo}	CK^{Io}	E^{Io}		F^{Io}	X^{Io}

续表

服务投入类别 / 行业分类	中间需求			最终需求				产出或进口
	生产性服务 (Dps) $1, 2, \cdots, p$	制造业 (Dm) $p+1, p+2, \cdots, q$	其他 (Do) $q+1, q+2, \cdots, n$	国内消费与资本形成合计	中间品出口	最终品出口	最终需求总和	
增加值	$V^{Dps'}$	$V^{Dm'}$	$V^{Do'}$					
总投入	$X^{Dps'}$	$X^{Dm'}$	$X^{Do'}$					

注: 右上标 Dps、Dm 和 Do 分别表示国内生产性服务、制造业及其他部门；Ips、Im 和 Io 分别表示国外生产性服务、制造业及其他部门。Z^{DpsDps}、Z^{DpsDm} 和 Z^{DpsDo} 分别表示国内生产性服务作为国内生产性服务、制造业和其他部门，国内中间投入分块矩阵。其他各矩阵含义类似，不予赘述。其中，需特别注意的是，Z^{IpsDps} 表示生产性服务进口作为中间品投入至国内生产性服务、制造业和其他部门的矩阵；Z^{DmDps} 表示出口产出的要素作为中间品投入至国内下游生产性服务业。X^{Dps}、X^{Dm}、X^{Do} 分别表示国内生产性服务业、制造业和其他部门总产出的行向量。F^{Dps}、F^{Dm}、F^{Do}、F^{Ips}、F^{Im}、F^{Io} 分别表示生产性服务业、制造业和其他部门进口的列向量。V^{Dps}、V^{Dm}、V^{Do} 分别表示各部门增加值的列向量。CK^{Dps}、CK^{Dm}、CK^{Do}、Ips、Im、Io 分别表示国内消费与资本形成合计的列向量。E_1^{Dps}、E_1^{Dm}、E_1^{Do} 分别表示本国生产性服务业、制造业和其他部门的出口。E_2^{Dps}、E_2^{Dm}、E_2^{Do} 分别表示国外最终需求满足的本国生产性服务业、制造业和其他部门的出口。令 $E^{Dps}=E_1^{Dps}+E_2^{Dps}$，$E^{Dm}=E_1^{Dm}+E_2^{Dm}$，$E^{Do}=E_1^{Do}+E_2^{Do}$，则三者分别表示本国生产性服务业、制造业和其他部门对国外的出口总量。E^{Ips}、E^{Im}、E^{Io} 表示国外中间需求满足的本国生产性服务、制造业和其他部门的出口。$F^{Dps}=CK^{Dps}+E^{Dps}$，$F^{Dm}=CK^{Dm}+E^{Dm}$，$F^{Do}=CK^{Do}+E^{Do}$，$F^{Ips}=CK^{Ips}+E^{Ips}$，$F^{Im}=CK^{Im}+E^{Im}$，$F^{Io}=CK^{Io}+E^{Io}$。需注意，生产性服务进口与制造业升级的双向联动机制，在此不做重点做介绍。

资料来源：张昕. 生产性服务进口与制造业升级的双向联动机制——中国制造业发展的经验分析 [J]. 西部论坛，2021，31（05）：15－33.

世界投入产出表（WIOT）囊括 43 个国家、56 个行业的投入产出数据，本书将主要依据 UNCTAD 数据库、世界投入产出表（WIOT）、《国民经济行业分类（2019 修订版）》、《生产性服务业分类统计（2019）》的行业划分标准，重点结合袁志刚、饶璨（2014）的划分依据，将 WIOT 世界投入产出表 56 个行业中的 22 个归为生产性服务业，行业细分情况如表 4 - 2 所示。由于 WIOT 中未明确划分知识产权使用费服务，故在中间投入和中间需求部门中无法列入知识产权使用费服务这一项。在制造业细分行业类别上，根据 UNCTAD 和 UN Comtrade 数据所使用的 LALL 分类标准（Lall S.，2000），将制造业分为资源型制造业、低技术制造业、中等技术制造业、高技术制造业和其他制造业。各行业具体划分见表 4 - 2。

表 4 - 2　　　　　　　　　生产性服务业和制造业的分类

生产性服务业	货物相关服务	机械、设备的修理和安装（c23）
	运输服务	陆路运输与管道运输（c31）；水上运输（c32）；航空运输（c33）；运输的仓储和支持服务（c34）；邮政和快递服务（c35）
	建筑服务	建筑业（c27）
	金融保险服务	除保险和养恤金外的金融服务（c41）；除强制性社会保障之外的保险、再保险和养恤基金（c42）；金融及保险的辅助服务（c43）
	通信、计算机和信息服务	通信业（c39）；计算机程序设计、咨询及相关服务，信息服务（c40）
	其他商业服务	污水处理，废物的收集、处理和处置活动，材料回收，补救活动和其他废物管理服务（c26）；法律和会计服务，总公司服务，管理咨询服务（c45）；建筑和工程活动，技术测试与分析（c46）；科学研究与发展服务（c47）；广告业和市场调研（c48）；其他专业、科学和技术服务，兽医服务（c49）
	其他生产性服务	批发贸易（汽车和摩托车除外）（c29）；出版服务（c37）；电影、录像和电视节目制作、录音及音乐作品出版服务，节目制作和广播（c38）；行政和辅助服务（c50）

制造业	资源型制造业	食品、饮料和烟草制品制造业（c5）；木材、木制品及软木制品制造业（家具除外）、草编制品及编织材料物品制造业（c7）；焦炭和精炼石油产品制造业（c10）；橡胶和塑料制品制造业（c13）；其他非金属矿物制品制造业（c14）
	低技术制造业	纺织品、服装及皮革制品制造业（c6）；基本金属制造业（c15）；金属加工制品制造业，机械设备除外（c16）
	中等技术制造业	化学品及化工产品制造业（c11）；未另分类的机械和设备制造业（c19）；汽车、拖车和半拖车制造业（c20）；其他运输设备制造业（c21）
	高技术制造业	基础药品和医药制剂制造业（c12）；计算机、电子产品和光学产品制造业（c17）；电力设备制造业（c18）
	其他制造业	纸和纸制品制造业（c8）；记录媒介物的印制及复制（c9）；家具制造业和其他制造业（c22）
其他	农、林、牧、渔业	作物和畜牧生产、狩猎和相关服务（c1）；林业与伐木业（c2）；渔业与水产养殖业（c3）
	采矿业	采矿与采石业（c4）
	电力、热力、燃气及水生产和供应业	电力、煤气、蒸汽和空调供应（c24）；水的收集、处理和供应（c25）
	生活性服务业	汽车、摩托车的批发、零售贸易和修理（c28）；零售贸易（汽车和摩托车除外）（c30）；住宿和餐饮服务（c36）；房地产业（c44）；家庭作为雇主的活动，家庭自用的无差别商品和服务的生产活动（c55）
	公共服务业	公共管理与国防，强制性社会保障（c51）；教育（c52）；人体健康和社会工作活动（c53）；域外组织和机构的活动（c56）
	其他服务活动（c54）	

注：括号内编码为 WIOT（世界投入产出表）中所对应的各部门序号。

资料来源：张昕. 生产性服务进口与制造业升级的双向联动机制——中国制造业发展的经验分析［J］. 西部论坛, 2021, 31（05）: 15 – 33.

在该非竞争型投入产出模型中，z_{ij} 表示中间投入与中间需求矩阵中的元素。从列向上看，它表示部门 j 对部门 i 中间投入的消耗量；从行向上看表示部门 i 的产出满足部门 j 生产的中间需求，或者说是其产出分配至部门 j 中的量（张昕，2021）。则 z_{ij}^{IpsDm} 从列向上看表示制造业部门 j 对进口的生产性服务 i 投入的中间消耗，从行向上看表示进口的生产性服务 i 产出分配至制造业部门 j 中的量。同理，z_{ij}^{DmDps} 从列向上看表示国内生产性服务部门 j 对国内制造业中间投入 i 的消耗，从行向上看表示国内制造业部门 i 产出分配至国内生产性服务部门 j 的量。

据投入产出技术对直接消耗系数 a_{ij} 的定义，从非竞争型投入产出表的列向来看，a_{ij} 刻画了某部门 j 生产单位产品对相关部门 i 的直接消耗，即相关部门 i 投入至部门 j 中的量占该部门 j 总投入的比重。因此，制造业部门 j 对进口生产性服务 i 的直接消耗系数用式（4.1）表示：

$$a_{ij}^{IpsDm} = \frac{z_{ij}^{IpsDm}}{x_j^{Dm}} \quad (i=1, 2, \cdots, p; j=p+1, p+2, \cdots, q) \quad (4.1)$$

除了直接消耗之外，制造业还通过其他部门对进口生产性服务产生间接消耗，两者共同构成了制造业 j 部门对进口的生产性服务 i 部门的完全消耗。间接消耗可以通过中间部门 k 对进口生产性服务 i 的完全消耗再乘以制造业 j 部门对该中间部门 k 的直接消耗来实现，用式（4.2）表示：

$$b_{ij}^{IpsDm} = a_{ij}^{IpsDm} + \sum_{k=1}^{n} b_{ik} a_{kj} \quad (i=1, 2, \cdots, p;$$
$$j=p+1, p+2, \cdots, q; k=1, 2, \cdots, n) \quad (4.2)$$

做更进一步地区分，中间部门 k 可以是生产性服务部门 r，也可以是制造业部门 s，抑或其他部门 t，则得到制造业部门 j 对进口生产性服务 i 的完全消耗系数公式（4.3）：

$$b_{ij}^{IpsDm} = a_{ij}^{IpsDm} + \sum_{r=1}^{p} b_{ir}^{IpsDps} a_{rj}^{DpsDm} + \sum_{s=p+1}^{q} b_{is}^{IpsDm} a_{sj}^{DmDm} + \sum_{t=q+1}^{n} b_{it}^{IpsDo} a_{tj}^{DoDm} \quad (4.3)$$
$$(i=1, 2, \cdots, p; j=p+1, p+2, \cdots, q; r=1, 2, \cdots, p;$$
$$s=p+1, p+2, \cdots, q; t=q+1, q+2, \cdots, n; s\neq j)$$

完全消耗系数用矩阵表示为式（4.4）：

$$B = A + BA \qquad (4.4)$$

经矩阵变换后得出完全消耗系数矩阵式（4.5）：

$$B = (I - A^{-1}) - I \qquad (4.5)$$

二、测算方法

经济社会的各部门间存在着复杂多样的关联，对此林武郎（Lin Wuu-long）首次提出了部门间的前向联系与后向联系的概念。前向联系，又被称为"前向效应""前向关联"，指一部门与消耗或使用其产出的部门之间的关联（陈锡康、杨翠红等，2011）。后向联系，又被称为"后向效应""后向关联"，指一部门与向其提供设备、原材料、服务等生产要素的上游部门之间的关联。相应地，即存在前向部门与后向部门的概念。某一部门的前向部门指使用其产品的部门；而某一部门的后向部门指向其提供原材料等投入的部门。[①] 故本书所探究的本国制造业部门与其作为中间投入的上游生产性服务部门存在后向联系，与其下游作为产出去向的国内生产性服务业存在前向联系。使用投入产出技术可进一步测算出其间前后向关联。

（一）产业关联效应

关于国内生产性服务业、制造业和其他部门的产业关联，水平方向上有如下均衡式（4.6）、（4.7）和（4.8）。

$$Z^{DpsDps}\mu + Z^{DpsDm}\mu + Z^{DpsDo}\mu + F^{Dps} = X^{Dps} \qquad (4.6)$$

$$Z^{DmDps}\mu + Z^{DmDm}\mu + Z^{DmDo}\mu + F^{Dm} = X^{Dm} \qquad (4.7)$$

$$Z^{DoDps}\mu + Z^{DoDm}\mu + Z^{DoDo}\mu + F^{Do} = X^{Do} \qquad (4.8)$$

其中，式（4.7）为国内制造业与下游生产性服务业关联的水平方向上的均衡式，亦可写作：

$$\sum_{j=1}^{p} z_{ij}^{DmDps} + \sum_{j=p+1}^{q} z_{ij}^{DmDm} + \sum_{j=q+1}^{n} z_{ij}^{DmDo} + f_i^{Dm} = x_i^{Dm} \qquad (4.9)$$

---

① 陈锡康，杨翠红，等. 投入产出技术 [M]. 北京：科学出版社，2011：41.

式（4.7）、式（4.9）表示国内制造业部门的产出分配至国内生产性服务业、制造业和其他部门的量与其产出满足最终需求的加总等于国内制造业产出总量（μ 表示元素全为 1 的求和列向量）。

基于国内制造业与下游生产性服务业的关联，垂直方向上有如下均衡式（4.10）：

$$\mu' Z^{DpsDps} + \mu' Z^{DmDps} + \mu' Z^{DoDps} + \mu' Z^{IpsDps} + \mu' Z^{ImDps} + \mu' Z^{IoDps} + V^{Dps'} = X^{Dps'}$$

$$(4.10)$$

即得式（4.11）：

$$\sum_{i=1}^{p} z_{ij}^{DpsDps} + \sum_{i=p+1}^{q} z_{ij}^{DmDps} + \sum_{i=q+1}^{n} z_{ij}^{DoDps} + \sum_{i=1}^{p} z_{ij}^{IpsDps} + \sum_{i=p+1}^{q} z_{ij}^{ImDps} + \sum_{i=q+1}^{n} z_{ij}^{IoDps} + v_j^{Dps} = x_j^{Dps}$$

$$(4.11)$$

式（4.10）、式（4.11）表示作为中间投入的国内外生产性服务、制造业部门、其他部门、最初投入（增加）共同构成了本国生产性服务业的总投入量。

首先定义国内产品或服务参与国内各部门生产的直接消耗系数矩阵组（4.12）如下：

$$A^{DpsDps} = \left[a_{ij}^{DpsDps} \right] = \left[\frac{z_{ij}^{DpsDps}}{x_j^{Dps}} \right] \quad A^{DpsDm} = \left[a_{ij}^{DpsDm} \right] = \left[\frac{z_{ij}^{DpsDm}}{x_j^{Dm}} \right] \quad A^{DpsDo} = \left[a_{ij}^{DpsDo} \right] = \left[\frac{z_{ij}^{DpsDo}}{x_j^{Do}} \right]$$

$$A^{DmDps} = \left[a_{ij}^{DmDps} \right] = \left[\frac{z_{ij}^{DmDps}}{x_j^{Dps}} \right] \quad A^{DmDm} = \left[a_{ij}^{DmDm} \right] = \left[\frac{z_{ij}^{DmDm}}{x_j^{Dm}} \right] \quad A^{DmDo} = \left[a_{ij}^{DmDo} \right] = \left[\frac{z_{ij}^{DmDo}}{x_j^{Do}} \right]$$

$$A^{DoDps} = \left[a_{ij}^{DoDps} \right] = \left[\frac{z_{ij}^{DoDps}}{x_j^{Dps}} \right] \quad A^{DoDm} = \left[a_{ij}^{DoDm} \right] = \left[\frac{z_{ij}^{DoDm}}{x_j^{Dm}} \right] \quad A^{DoDo} = \left[a_{ij}^{DoDo} \right] = \left[\frac{z_{ij}^{DoDo}}{x_j^{Do}} \right]$$

$$(4.12)$$

把系数矩阵组（4.12）代入式（4.6）、式（4.7）和式（4.8），可得：

$$A^{DpsDps} X^{Dps} + A^{DpsDm} X^{Dm} + A^{DpsDo} X^{Do} + F^{Dps} = X^{Dps} \qquad (4.13)$$

$$A^{DmDps} X^{Dps} + A^{DmDm} X^{Dm} + A^{DmDo} X^{Do} + F^{Dm} = X^{Dm} \qquad (4.14)$$

$$A^{DoDps} X^{Dps} + A^{DoDm} X^{Dm} + A^{DoDo} X^{Do} + F^{Do} = X^{Do} \qquad (4.15)$$

综合式（4.13）、式（4.14）、式（4.15），可改写为以下形式：

$$\begin{bmatrix} (I-A^{DpsDps}) & -A^{DpsDm} & -A^{DpsDo} \\ -A^{DmDps} & (I-A^{DmDm}) & -A^{DmDo} \\ -A^{DoDps} & -A^{DoDm} & (I-A^{DoDo}) \end{bmatrix} \begin{bmatrix} X^{Dps} \\ X^{Dm} \\ X^{Do} \end{bmatrix} = \begin{bmatrix} F^{Dps} \\ F^{Dm} \\ F^{Do} \end{bmatrix} \quad (4.16)$$

继而得：

$$\begin{bmatrix} X^{Dps} \\ X^{Dm} \\ X^{Do} \end{bmatrix} = \begin{bmatrix} (I-A^{DpsDps}) & -A^{DpsDm} & -A^{DpsDo} \\ -A^{DmDps} & (I-A^{DmDm}) & -A^{DmDo} \\ -A^{DoDps} & -A^{DoDm} & (I-A^{DoDo}) \end{bmatrix}^{-1} \begin{bmatrix} F^{Dps} \\ F^{Dm} \\ F^{Do} \end{bmatrix} \quad (4.17)$$

方程（4.17）可写为：

$$\bar{X} = (I - \bar{A})^{-1} \bar{F} \quad (4.18)$$

记作：

$$\bar{X} = B\bar{F} \quad (4.19)$$

其中，

$$\bar{X} = \begin{bmatrix} X^{Dps} \\ X^{Dm} \\ X^{Do} \end{bmatrix} \quad (4.20)$$

$$\bar{A} = \begin{bmatrix} A^{DpsDps} & A^{DpsDm} & A^{DpsDo} \\ A^{DmDps} & A^{DmDm} & A^{DmDo} \\ A^{DoDps} & A^{DoDm} & A^{DoDo} \end{bmatrix} \quad (4.21)$$

$$\bar{F} = \begin{bmatrix} F^{Dps} \\ F^{Dm} \\ F^{Do} \end{bmatrix} \quad (4.22)$$

$$B = (I - \bar{A})^{-1} \quad (4.23)$$

B 为里昂惕夫逆矩阵，又称为完全需要系数矩阵，将其分块矩阵记为式（4.24）：

$$\begin{bmatrix} (I-A^{DpsDps}) & -A^{DpsDm} & -A^{DpsDo} \\ -A^{DmDps} & (I-A^{DmDm}) & -A^{DmDo} \\ -A^{DoDps} & -A^{DoDm} & (I-A^{DoDo}) \end{bmatrix}^{-1} = \begin{bmatrix} B^{DpsDps} & B^{DpsDm} & B^{DpsDo} \\ B^{DmDps} & B^{DmDm} & B^{DmDo} \\ B^{DoDps} & B^{DoDm} & B^{DoDo} \end{bmatrix}$$

$$(4.24)$$

其中，B^{DmDps} 即为本国国内生产性服务业对制造业的完全需要系数矩阵。同样方法，可得国内部门对进口部门的里昂惕夫逆矩阵 $\tilde{B}$，其中 $\tilde{B}^{IpsDm}$ 即为国内制造业对生产性服务进口的完全需要系数矩阵。里昂惕夫逆矩阵 $\tilde{B}$ 如式（4.25）所示。

$$\tilde{B} = \begin{bmatrix} \tilde{B}^{IpsDps} & \tilde{B}^{IpsDm} & \tilde{B}^{IpsDo} \\ \tilde{B}^{ImDps} & \tilde{B}^{ImDm} & \tilde{B}^{ImDo} \\ \tilde{B}^{IoDps} & \tilde{B}^{IoDm} & \tilde{B}^{IoDo} \end{bmatrix} \tag{4.25}$$

从里昂惕夫逆矩阵的行向来看，矩阵中的元素 b_{ij} 表示部门 i 的 1 单位中间投入所带来的下游部门 j 的产出增加，也表示部门 i 对各部门 j 的产出推动效应。$\sum_{j=c}^{d} b_{ij}$ 表示部门 i 对某一类行业（部门 c 至部门 d）总的产出推动效应。

从里昂惕夫逆矩阵（完全需要系数矩阵）的列向看，矩阵中的元素 b_{ij} 表示产出 1 单位的部门 j，带动多少单位的上游部门 i 中间投入，也表示部门 j 对生产上游各部门 i 的需求拉动效应。$\sum_{i=g}^{h} b_{ij}$ 表示部门 j 对某一类行业（部门 g 至部门 h）总的需求拉动效应。

（二）前后向关联系数

早在 20 世纪 60 年代，就用直接消耗系数的列和 $\boldsymbol{\mu}'\boldsymbol{A}$[1] 表示相关部门的后向联系，用行和 $\boldsymbol{A}\boldsymbol{\mu}$ 表示部门间的前向联系。随着投入产出技术的不断发展，人们对部门间前向与后向联系的理解也愈加全面深刻。到 70 年代之后，逐步用完全需要系数矩阵代替直接消耗系数矩阵计算部门间的联系。[2]

目前已有一些相关研究，如黄莉芳等（2011）从产业关联角度分析了生产性服务业与其下游制造业的前向技术溢出效应及与其上游制造业的后向技术溢出效应。杨玲（2015）测度并分析了生产性服务进口与制造业的前

---

[1] 本书中 A 表示直接消耗系数矩阵。

[2] 陈锡康，杨翠红，等. 投入产出技术 [M]. 北京：科学出版社，2011：42–43.

向、后向联系，但仍具有一定改进空间。

在得到产业间投入与产出的里昂惕夫逆矩阵后，可借此得出上下游产业之间前后向关联的一般方法，继而测度生产性服务进口与下游国内制造业的前向联系（生产性服务进口对国内下游制造业产出的推动效应）以及制造业与国内下游生产性服务业的前向联系（制造业服务化驱动下，国内制造业对国内下游生产性服务业发展的推动力）。用完全需要系数测度本国制造业与上游生产性服务进口的后向联系（制造业生产对生产性服务进口的需求，表现为制造业对生产性服务进口的需求拉动效应）以及本国生产性服务业与上游国内制造业中间投入的后向联系（生产性服务业对国内上游制造业中间投入的需求拉动效应）。同时进一步引入测度部门间前向联系的前向系数（感应度系数）和测度部门间后向联系的后向系数（影响力系数）。

1. 感应度系数（前向关联系数）

式（4.26）表示第 i 部门中间投入对国民经济各部门产出推动作用的加总，反映出第 i 部门单位中间投入对国民经济作用力的大小。

$$\sum_{j=1}^{n} b_{ij} \tag{4.26}$$

为了比较各推动作用的强度，对前向联系系数做标准化处理，将推动作用为中度的部门取值为 1，得到感应度系数，又被称为"前向系数"，记作 θ_i,[1] 如式（4.27）所示：

$$\theta_i = \frac{\dfrac{1}{n}\sum_{j=1}^{n} b_{ij}}{\dfrac{1}{n^2}\sum_{i=1}^{n}\sum_{j=1}^{n} b_{ij}} \quad (i = 1, 2, \cdots, n) \tag{4.27}$$

式（4.27）中，θ_i 反映出部门 i 每增加 1 单位中间投入对国民经济下游各部门的产出推动程度。$\theta_i = 1$ 时表示第 i 部门对国民经济的产出推动作用达到对各部门推动效应的平均水平；$\theta_i < 1$ 时表示第 i 部门对国民经济的产出

---

[1] 陈锡康，杨翠红，等. 投入产出技术［M］. 北京：科学出版社，2011：43.

推动作用较弱，低于对各部门推动效应的平均水平；$\theta_i > 1$ 表示第 i 部门对国民经济的推动作用高于对各部门推动效应的平均水平，对经济社会产值增加具有较强的推动力。[1]

2. 影响力系数（后向关联系数）

式（4.28）表示第 j 部门单位最终产品对国民经济各部门的拉动作用之和，反映出第 j 部门单位最终产品对国民经济影响力的大小（陈锡康等，2011）。

$$\sum_{i=1}^{n} b_{ij} \tag{4.28}$$

为了比较各拉动作用的强度，对后向联系系数做标准化处理，将拉动作用为中度的部门取值为 1，得到影响力系数，又被称为"后向系数"，记作 δ_j（陈锡康等，2011），如式（4.29）[2] 所示：

$$\delta_j = \frac{\dfrac{1}{n}\sum_{i=1}^{n} b_{ij}}{\dfrac{1}{n^2}\sum_{j=1}^{n}\sum_{i=1}^{n} b_{ij}} \quad (j = 1,\ 2,\ \cdots,\ n) \tag{4.29}$$

式（4.29）中，δ_j 反映出部门 j 每增加 1 单位产出对国民经济上游投入部门的需求波及强度。$\delta_j = 1$ 时表示第 j 部门对国民经济的需求拉动作用达到对各部门拉动效应的平均水平；$\delta_j < 1$ 时表示第 j 部门对国民经济的需求拉动作用较弱，低于对各部门拉动效应的平均水平；$\delta_j > 1$ 时表示第 j 部门对国民经济的拉动作用高于对各部门拉动效应的平均水平，对经济社会发展具有较强的拉动力（陈锡康等，2011）。

综合上述计算方法，后续章节将据其对生产性服务贸易与制造业之间的联动关系进行测算。

---

[1]　借鉴陈锡康，杨翠红，等. 投入产出技术 [M]. 北京：科学出版社，2011：42 – 43 中的表述。

[2]　式（4.26）、式（4.27）、式（4.28）、式（4.29）均引自陈锡康，杨翠红，等. 投入产出技术 [M]. 北京：科学出版社，2011：42 – 43.

第四节 本 章 小 结

本章首先梳理出生产性服务贸易与制造业联动的两个机制——生产性服务进口与制造业的联动效应，以及制造业对生产性服务出口的推动效应。

第一，生产性服务进口与制造业的联动效应。生产性服务进口通过技术、知识、高素质人力资本的溢出效应，助力国内制造业发展。基于获取知识、信息、技术和降低生产交易成本、提高管理运营水平的需求，制造业对生产性服务进口也存在一定的反向拉动效应。在全球价值链下，二者经价值链的分解和价值链的重组两个阶段，实现融合。

第二，制造业对生产性服务出口的推动效应。国内外制造业对本国生产性服务出口均起到一定推动作用，此表现为3条路径。其中，路径1为全球价值链下，国外制造业生产需求引致本国生产性服务出口扩张。路径2为制造业产出外部服务化方式下，国内产业分工加剧，生产性服务从制造业中分离而出形成独立的生产性服务业，同时制造业为下游生产性服务部门提供坚实的产业基础；随着生产性服务业发展水平的日益提升，生产性服务出口规模扩大、结构优化。路径3为制造业产出内部服务化方式下，一些制造业企业在生产制成品的同时也提供生产性服务；生产性服务出口与制成品出口呈互补或替代关系，生产性服务出口得到持续促进。以上路径2和路径3反映国内制造业对生产性服务出口的推动，为本书探究的重点。

在生产性服务贸易与制造业联动机制分析的基础上，本章使用世界投入产出表构建非竞争型投入产出模型，将生产性服务业和制造业部门做细分，推导出中国生产性服务贸易与制造业关联的里昂惕夫逆矩阵，为下文计算其间具体的联动效应值及相关实证检验作铺垫。

第五章

中国生产性服务进口与制造业
联动效应的实证分析

第一节　国内外中间投入与国内产业的相互影响

　　首先将中间投入部门分为国内投入和进口，对比国内、外中间投入与国内制造业之间的相互影响，分别考量二者对经济社会的推动作用以及国内制造业对上游国内、外中间投入的需求拉动作用。继而引出国外生产性服务中间投入（生产性服务进口）与国内制造业的关联。

一、国内中间投入（产品或服务）与国内产业的相互影响

　　表5–1和表5–2显示，国内制造业对于国内中间投入的影响力系数及国内制造业中间投入对于国内部门的感应度系数均始终大于1。可见国内制造业对上游各经济部门的后向拉动作用和下游各部门的前向推动作用均较强，是国民经济发展的重要部门。2008年以来，中国生产性服务业对经济发展的推动作用愈加凸显，但其对各部门的需求波及程度有待加强。

表 5 - 1　2000~2014 年国内各部门对国内中间投入的影响力系数（后向系数）

年份	国内生产性服务业 对于国内中间投入	国内制造业 对于国内中间投入	国内其他部门 对于国内中间投入
2000	0.9483	1.1300	0.9217
2001	0.9565	1.1295	0.9140
2002	0.9690	1.1228	0.9082
2003	0.9637	1.1233	0.9131
2004	0.9606	1.1237	0.9157
2005	0.9547	1.1262	0.9191
2006	0.9463	1.1321	0.9216
2007	0.9370	1.1384	0.9246
2008	0.9462	1.1495	0.9043
2009	0.9394	1.1597	0.9010
2010	0.9420	1.1566	0.9014
2011	0.9421	1.1608	0.8971
2012	0.9371	1.1679	0.8950
2013	0.9285	1.1795	0.8920
2014	0.9256	1.1825	0.8919

注：据 MATLAB 输出结果计算整理而得。

表 5 - 2　2000~2014 年国内中间投入对国内部门的感应力系数（前向系数）

年份	国内生产性服务投入 对于国内部门	国内制造业中间投入 对于国内部门	国内其他部门 对于国内部门
2000	0.7853	1.3653	0.8494
2001	0.7984	1.3469	0.8547
2002	0.8157	1.3188	0.8656
2003	0.7894	1.3445	0.8661
2004	0.7715	1.3477	0.8808
2005	0.7568	1.3598	0.8834

年份	国内生产性服务投入 对于国内部门	国内制造业中间投入 对于国内部门	国内其他部门 对于国内部门
2006	0.7362	1.3778	0.8860
2007	0.7235	1.4014	0.8751
2008	0.7270	1.4227	0.8503
2009	0.7303	1.4488	0.8209
2010	0.7369	1.4516	0.8115
2011	0.7325	1.4636	0.8039
2012	0.7404	1.4713	0.7883
2013	0.7447	1.4742	0.7811
2014	0.7597	1.4479	0.7924

注：据 MATLAB 输出结果计算整理而得。

二、国外中间投入（产品或服务）与国内产业的相互影响

国内制造业部门对进口中间投入的影响力系数虽下滑趋势明显（见表 5 – 3 和图 5 – 1），但长期处于平均水平之上，各年影响力系数均值高达 1.0310。可见国内制造业对中间投入进口需求强劲，国内生产性服务业及其他部门对中间投入品进口的需求拉动效应也日益增强。

表 5 – 3　2000 ~ 2014 年国内各部门对上游中间投入品进口的影响力系数（后向系数）

年份	国内生产性服务业 对于进口中间投入	国内制造业部门 对于进口中间投入	国内其他部门 对于进口中间投入
2000	0.9905	1.0245	0.9849
2001	0.9919	1.0234	0.9848
2002	0.9917	1.0268	0.9814
2003	0.9891	1.0334	0.9774
2004	0.9851	1.0394	0.9755

续表

年份	国内生产性服务业 对于进口中间投入	国内制造业部门 对于进口中间投入	国内其他部门 对于进口中间投入
2005	0.9845	1.0385	0.9770
2006	0.9828	1.0383	0.9789
2007	0.9808	1.0388	0.9803
2008	0.9803	1.0343	0.9854
2009	0.9851	1.0260	0.9889
2010	0.9808	1.0313	0.9879
2011	0.9799	1.0307	0.9894
2012	0.9819	1.0281	0.9899
2013	0.9832	1.0269	0.9899
2014	0.9851	1.0237	0.9912

注：据 MATLAB 输出结果计算整理而得。

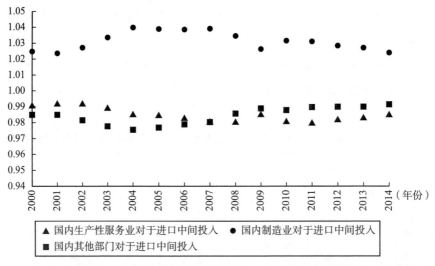

图 5 - 1　2000 ~ 2014 年国内各部门对中间投入品进口的影响力系数（后向系数）

从生产性服务业、制造业及其他产业对国内经济的推动程度来看（见表5-4和图5-2），长期以来，制造业部门进口对国内各部门产出总体具有较强的推动作用，2000～2014年各年其感应度系数均显著大于1，但从2011年开始逐年下降，2014年为1.0262，推动效应趋近于平均水平。而近年来生产性服务业及其他产业进口对国民经济的推动效应逐步走强，二者与制造业部门进口对国民经济推动效应之间的差距逐步缩小。

表5-4　2000～2014年各部门中间投入进口对下游国内部门的感应力系数（前向系数）

年份	生产性服务进口对于国内部门	制造业部门进口对于国内部门	其他部门进口对于国内部门
2000	0.9652	1.0595	0.9753
2001	0.9666	1.0584	0.9751
2002	0.9630	1.0657	0.9713
2003	0.9556	1.0755	0.9689
2004	0.9505	1.0786	0.9709
2005	0.9534	1.0714	0.9752
2006	0.9555	1.0668	0.9777
2007	0.9584	1.0626	0.9790
2008	0.9637	1.0463	0.9900
2009	0.9731	1.0366	0.9902
2010	0.9669	1.0399	0.9932
2011	0.9668	1.0356	0.9976
2012	0.9710	1.0315	0.9976
2013	0.9728	1.0309	0.9963
2014	0.9768	1.0262	0.9969

注：据MATLAB输出结果计算而得。

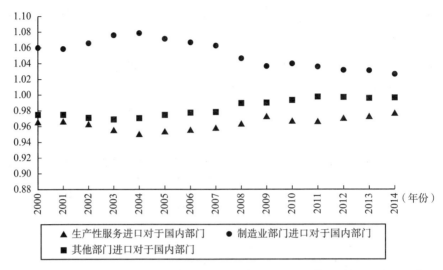

图 5 – 2　2000 ～ 2014 年各部门中间投入进口对国内部门的感应力系数（前向系数）

第二节　生产性服务进口对制造业的供给效应

一、生产性服务进口与制造业的中间投入结构

（一）国内外生产性服务整体对国内下游制造业的中间投入

中国生产性服务业对下游制造业的中间投入率等于国内生产性服务业对制造业部门的中间投入量占其对国民经济各部门总投入的比重。同理，生产性服务进口对国内下游制造业的中间投入率等于生产性服务进口对国内制造业部门的中间投入量占其对国民经济各部门总投入的比重。

表 5 – 5 反映出 2000 ～ 2014 年国内外生产性服务对下游各大类制造业（资源型制造业、低技术制造业、中等技术制造业、高技术制造业和其他制

造业）的中间投入率。由表5-5可知，国内生产性服务在制造业中的中间投入率显著高于生产性服务进口在制造业中的中间投入率，可见国内制造业对国内生产性服务的需求更高，未过多依靠进口，然而从产业结构来看，生产性服务进口对制造业产业升级可能具有更为显著的影响。

表5-5 2000~2014年国内外生产性服务对国内下游各大类制造业的中间投入率

单位：%

年份	国内生产性服务对国内各大类制造业的中间投入率					国外生产性服务对国内各大类制造业的中间投入率				
	资源型制造业	低技术制造业	中等技术制造业	高技术制造业	其他制造业	资源型制造业	低技术制造业	中等技术制造业	高技术制造业	其他制造业
2000	10.07	9.03	9.70	9.40	10.12	0.29	0.29	0.27	0.35	0.22
2001	10.27	9.27	9.79	9.66	10.13	0.31	0.29	0.28	0.37	0.21
2002	10.29	9.54	9.72	9.85	10.01	0.39	0.34	0.33	0.45	0.25
2003	9.03	8.23	8.74	9.40	8.81	0.40	0.36	0.34	0.47	0.25
2004	7.98	7.53	8.52	9.18	8.10	0.47	0.39	0.39	0.51	0.27
2005	7.83	7.17	8.63	9.88	7.73	0.48	0.39	0.39	0.53	0.26
2006	7.48	6.83	8.23	9.59	6.98	0.53	0.42	0.40	0.53	0.25
2007	7.32	6.67	7.89	9.51	6.55	0.51	0.40	0.49	0.77	0.28
2008	7.24	6.46	8.26	9.68	6.97	0.57	0.48	0.48	0.71	0.29
2009	7.73	7.09	9.04	10.52	7.31	0.43	0.36	0.39	0.60	0.25
2010	7.67	7.28	8.87	9.73	7.81	0.49	0.39	0.36	0.52	0.27
2011	7.64	7.18	8.83	9.71	7.90	0.54	0.42	0.35	0.46	0.27
2012	8.02	7.63	9.53	10.08	8.38	0.51	0.41	0.34	0.45	0.28
2013	8.50	8.07	9.73	10.44	9.01	0.49	0.42	0.33	0.46	0.28
2014	8.90	8.56	10.35	11.26	9.50	0.46	0.41	0.34	0.48	0.28

资料来源：据WIOD数据库2000~2014年世界投入产出表数据计算整理得出。

图 5 – 3 显示，2003 年之前，中国生产性服务业在资源型制造业中的中间投入率最高。之后，高技术制造业才成为国内生产性服务中间投入最多的制造业部门。然而，2000～2010 年，高技术制造业一直为生产性服务进口投入率最高的制造业部门。受席卷全球金融危机的影响，生产性服务进口对制造业的中间投入偏重于资源型制造业，但随着 2011 年之后中国经济日渐复苏，其在资源型制造业中的中间投入率逐步降低，而对高技术制造业的中间投入呈现重振增长态势。

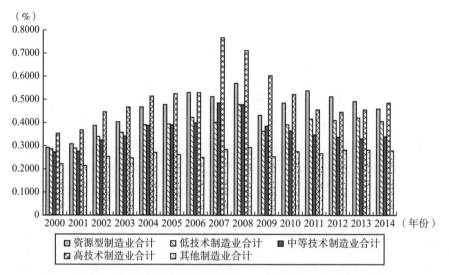

图 5 – 3　2000～2014 年中国生产性服务进口对各大类制造业的中间投入率

资料来源：据 WIOD 数据库 2000～2014 年世界投入产出表计算整理得出。

（二）生产性服务进口整体对制造业细分行业的中间投入

从中国生产性服务进口对制造业细分部门的中间投入结构来看（见图 5 - 4），长期以来，在国内资源型制造业"焦炭和精炼石油产品制造业（c10）"与高技术制造业"基础药品和医药制剂制造业（c12）"，"计算机、电子产品和光学产品制造业（c17）"和"电力设备制造业（c18）"当中，生产性服务进口中间投入率高于其他制造业部门中生产性服务进口的中间投入率。可见生产性服务进口对中国制造业升级具有一定的推动力。

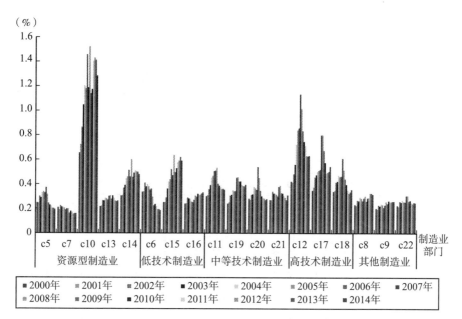

图 5 - 4　2000～2014 年中国生产性服务进口整体对制造业各部门的中间投入率

资料来源：WIOD 数据库 2000～2014 年世界投入产出表。

从发展动向来看，生产性服务进口对"食品、饮料和烟草制品制造业（c5）"、"木材、木制品及软木制品制造业（家具除外）和草编制品及编织材料物品制造业（c7）"的中间投入占比不断缩减（见表 5 - 6）。然而，生产性服务进口对中、高技术制造业——"化学品及化工产品制造业（c11）"、"其他运输设备制造业（c21）"、"基础药品和医药制剂制造业（c12）"、"计算机、电子产品和光学产品制造业（c17）"的中间投入占比则在最近几年呈现明显的上扬态势。这表明，生产性服务进口中间投入对中国制造业转型升级在一定程度上起到支撑作用。在《中国制造 2025》行动纲领的指引下，制造业产业结构升级势在必行，生产性服务进口将对此发挥更为关键的作用。

表 5 - 6　　2000～2014 年中国生产性服务进口对制造业各部门的中间投入率　　单位：%

制造业		年份														
类别	行业	2000	2001	2002	2003	2004	2005	2006	2007	2008	2009	2010	2011	2012	2013	2014
资源型制造业	c5	0.25	0.24	0.30	0.29	0.33	0.34	0.32	0.37	0.32	0.24	0.23	0.22	0.20	0.20	0.19
	c7	0.21	0.19	0.22	0.21	0.21	0.21	0.19	0.20	0.20	0.16	0.18	0.17	0.15	0.16	0.16
	c10	0.65	0.72	0.86	1.05	1.20	1.18	1.46	1.19	1.53	1.14	1.17	1.40	1.43	1.41	1.28
	c13	0.22	0.22	0.27	0.26	0.29	0.28	0.27	0.30	0.30	0.28	0.30	0.28	0.26	0.26	0.26
	c14	0.30	0.31	0.37	0.39	0.44	0.46	0.51	0.46	0.60	0.45	0.49	0.51	0.50	0.50	0.48
低技术制造业	c6	0.33	0.34	0.41	0.38	0.40	0.38	0.35	0.36	0.29	0.22	0.23	0.22	0.19	0.19	0.19
	c15	0.25	0.25	0.29	0.36	0.42	0.44	0.52	0.47	0.64	0.49	0.53	0.58	0.59	0.62	0.59
	c16	0.24	0.24	0.29	0.28	0.28	0.25	0.25	0.27	0.31	0.30	0.32	0.31	0.31	0.32	0.33
中等技术制造业	c11	0.30	0.31	0.36	0.39	0.45	0.47	0.51	0.51	0.53	0.40	0.39	0.37	0.36	0.36	0.35
	c19	0.24	0.25	0.30	0.31	0.35	0.34	0.34	0.45	0.46	0.42	0.42	0.39	0.39	0.38	0.40
	c20	0.28	0.27	0.31	0.32	0.38	0.37	0.35	0.54	0.45	0.34	0.30	0.29	0.28	0.27	0.28
	c21	0.27	0.27	0.34	0.32	0.32	0.32	0.30	0.38	0.39	0.33	0.32	0.30	0.29	0.27	0.31
高技术制造业	c12	0.42	0.41	0.48	0.56	0.72	0.84	0.86	1.14	1.02	0.83	0.75	0.71	0.63	0.63	0.63
	c17	0.35	0.37	0.46	0.47	0.50	0.51	0.52	0.80	0.80	0.68	0.57	0.49	0.50	0.50	0.54
	c18	0.34	0.34	0.41	0.42	0.47	0.46	0.46	0.61	0.51	0.44	0.39	0.35	0.32	0.34	0.35
其他制造业	c8	0.23	0.23	0.27	0.26	0.29	0.28	0.26	0.29	0.30	0.26	0.28	0.29	0.32	0.32	0.31
	c9	0.20	0.19	0.23	0.22	0.24	0.23	0.21	0.23	0.25	0.24	0.26	0.25	0.25	0.26	0.26
	c22	0.22	0.22	0.26	0.26	0.25	0.27	0.24	0.26	0.30	0.26	0.27	0.25	0.24	0.25	0.25

资料来源：据 WIOD 数据库 2000～2014 年世界投入产出表数据计算整理得出。

借鉴刘书瀚等（2010）的研究方法，将 2000 年、2004 年、2009 年和 2014 年中国生产性服务进口对制造业各细分行业的中间投入率进行排名，居于前十位的行业如表 5 - 7 所示。结合表 5 - 6 和表 5 - 7 可知，中国生产性服务进口对国内制造业的中间投入结构不断升级，对制造业产业结构优化提供了较为稳定的推动力。生产性服务进口对中等技术制造业，尤其是"未另分类的机械和设备制造业（c19）"的中间投入率排名日益上升。2010

年，中、高技术制造业中的各细分行业全部居于前十。受金融危机的滞后影响，2011 年后，生产性服务进口对中、高技术制造业的中间投入率略有下滑，然而随着国内经济日渐回暖，2013 年和 2014 年中国生产性服务进口对高技术制造业"计算机、电子产品和光学产品制造业（c17）"和"电力设备制造业（c18）"的中间投入率亦呈回升态势。2014 年生产性服务进口在"未另分类的机械和设备制造业（c19）"、"汽车、拖车和半拖车制造业（c20）"和"其他运输设备制造业（c21）"中的中间投入率也表现出明显的上扬态势。

表 5-7　　　　　中国生产性服务进口对制造业各细分行业的中间投入率　　单位：%

排名	2000 年	2004 年	2009 年	2014 年
1	焦炭和精炼石油产品制造业（c10）	焦炭和精炼石油产品制造业（c10）	焦炭和精炼石油产品制造业（c10）	焦炭和精炼石油产品制造业（c10）
2	基础药品和医药制剂制造业（c12）	基础药品和医药制剂制造业（c12）	基础药品和医药制剂制造业（c12）	基础药品和医药制剂制造业（c12）
3	计算机、电子产品和光学产品制造业（c17）	计算机、电子产品和光学产品制造业（c17）	计算机、电子产品和光学产品制造业（c17）	基本金属制造业（c15）
4	电力设备制造业（c18）	电力设备制造业（c18）	基本金属制造业（c15）	计算机、电子产品和光学产品制造业（c17）
5	纺织品、服装及皮革制品制造业（c6）	化学品及化工产品制造业（c11）	其他非金属矿物制品制造业（c14）	其他非金属矿物制品制造业（c14）
6	其他非金属矿物制品制造业（c14）	其他非金属矿物制品制造业（c14）	电力设备制造业（c18）	未另分类的机械和设备制造业（c19）
7	化学品及化工产品制造业（c11）	基本金属制造业（c15）	未另分类的机械和设备制造业（c19）	化学品及化工产品制造业（c11）

排名	2000 年	2004 年	2009 年	2014 年
8	汽车、拖车和半拖车制造业（c20）	纺织品、服装及皮革制品制造业（c6）	化学品及化工产品制造业（c11）	电力设备制造业（c18）
9	其他运输设备制造业（c21）	汽车、拖车和半拖车制造业（c20）	汽车、拖车和半拖车制造业（c20）	金属加工制品制造业，机械设备除外（c16）
10	基本金属制造业（c15）	未另分类的机械和设备制造业（c19）	其他运输设备制造业（c21）	纸和纸制品制造业（C8）

二、生产性服务进口对下游制造业的供给效应

（一）国内外生产性服务对制造业的供给效应

使用非竞争型投入产出模型对世界投入产出表进行整理，运用 MATLAB 软件可求得里昂惕夫逆矩阵，继而得出中国生产性服务进口对国内下游制造业的供给效应，这种供给效应主要体现为上游部门中间投入对下游部门的前向产出推动效应。

对比国内和国外生产性服务中间投入对国内制造业的前向推动效应（见图 5-5 和图 5-6）可知，从绝对数来看，国内生产性服务中间投入对制造业发展的前向推动效应远远大于国外生产性服务中间投入，表明制造业的发展从根本上应该依靠国内大循环，不应过度依赖国外要素资源。而从不同的制造业行业来看，国外生产性服务中间投入对高技术制造业的前向推动效应最大，其对高技术制造业的年均推动效应分别为对其他四类制造业年均推动效应的 1.20 倍、1.42 倍、1.48 倍和 2.08 倍，而国内生产性服务中间投入对高技术制造业的年平均推动效应分别为对其他四类制造业年均推动效应的 1.09 倍、1.06 倍、0.98 倍和 1.15 倍。可见国外生产性服务中间投入对中国制造业产业升级的推动效应更为明显，因此通过国际循环助推国内制造业发展和升级也很重要（张昕，2021）。

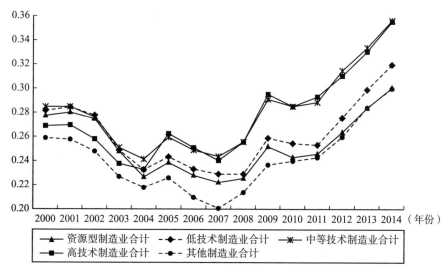

图 5 – 5　2000 ~ 2014 年国内生产性服务中间投入整体对下游各类制造业的供给效应

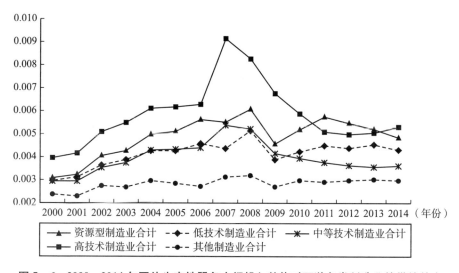

图 5 – 6　2000 ~ 2014 年国外生产性服务中间投入整体对下游各类制造业的供给效应

　　除 2011 年、2012 年和 2013 年，2000 ~ 2014 年其余各年，国外生产性服务中间投入对国内高技术制造业的供给效应均最大（张昕，2021），年均前向推动强度达 0.0058，高于其对资源型制造业、低技术制造业、中等技术制造业和其他制造业的前向推动效应强度——0.0049、0.0041、0.0039和0.0028。其中，2007 年国外生产性服务进口对高技术制造业的产出推动效应达峰值 0.0091。2008 年之后虽受金融危机影响逐步下滑，但仍大于其对其他几类制造业的前向推动力，2012 年之后随着全球经济回暖，此效应继续走高。国外生产性服务中间投入对本国资源型制造业的前向推动效应也较大，但从整体来看，仍显著低于对高技术制造业的前向推动效应，其对低技术和中等技术制造业的产出推动效应较为接近，对其他制造业的作用则相对较低（张昕，2021）。综上可知，国外生产性服务中间投入对中国制造业的产业升级具有一定前向推动力，且这种推动力有望持续增强。

2000～2014 年国内生产性服务中间投入对资源型制造业、低技术制造业、中等技术制造业和高技术制造业的年平均供给效应强度分别为 0.2540、0.2611、0.2808、0.2764 和 0.2412，其对中等技术和高技术制造业的供给效应与之对资源型、低技术和其他制造业的供给效应相比，未显十分强劲。可见，国内生产性服务中间投入对几大类制造业的产出推动力较为平均。

对比可知，2000～2014 年国外生产性服务中间投入对高技术制造业的年平均产出推动效应分别为其对其他四类制造业年平均推动效应的 1.20 倍、1.42 倍、1.48 倍和 2.08 倍，而国内生产性服务中间投入对高技术制造业的年平均产出推动效应分别为其对其他四类制造业年平均推动效应的 1.09 倍、1.06 倍、0.98 和 1.15 倍。由此可见，国外生产性服务中间投入对制造业产业升级的助推动力更为突出。

（二）细分生产性服务进口对制造业各部门的供给效应

1. 货物相关服务进口对制造业各部门的供给效应

由测算结果可知，传统生产性服务——货物相关服务对中国制造业升级具有一定助推效应，但这种效应呈现减弱趋势。图 5 - 7 显示，货物相关服务——"机械、设备的修理和安装（c23）"进口会显著促进中等技术和高技术制造业产出增加；其中，对"其他运输设备制造业（c21）"产出的促进效应最强，与"计算机、电子产品和光学产品制造业（c17）"、"未另分类的机械和设备制造业（c19）"、"电力设备制造业（c18）"以及"汽车、拖车和半拖车制造业（c20）"的关联性也较强。显然，这些都是主要的机械设备制造业行业且均具有显著的技术密集特征，而 c23 对这几个制造业行业来说是必不可少的生产性服务投入（张昕，2021）。

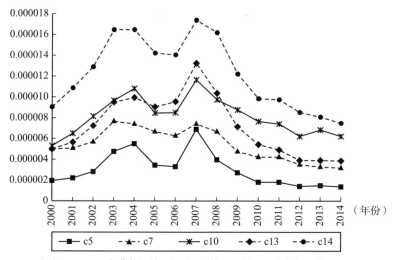

（a）2000~2014年货物相关服务进口对资源型制造业各部门的供给效应

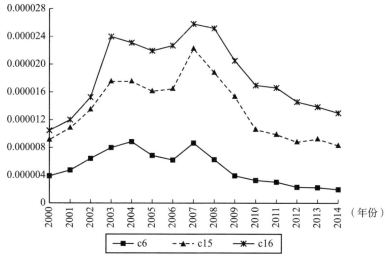

（b）2000~2014年货物相关服务进口对低技术制造业各部门的供给效应

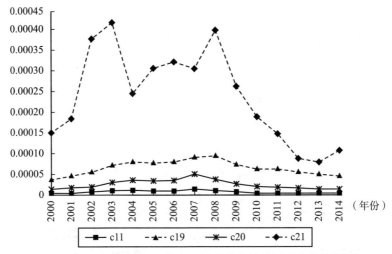

（c）2000~2014年货物相关服务进口对中等技术制造业各部门的供给效应

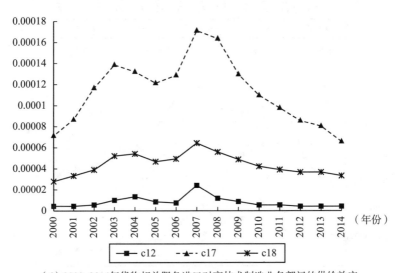

（d）2000~2014年货物相关服务进口对高技术制造业各部门的供给效应

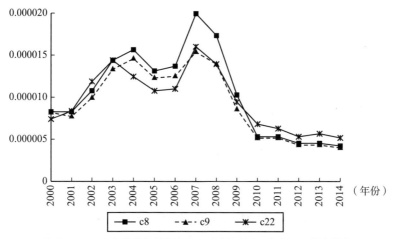

（e）2000~2014年货物相关服务进口对其他制造业各部门的供给效应

图 5 - 7　2000～2014 年货物相关服务进口对制造业各部门的供给效应

2. 运输服务进口对制造业各部门的供给效应

运输服务进口对制造业各行业的前向推动效应总体呈增强态势（见图 5 - 8），对资源型制造业产出的促进更强，但对制造业升级的作用并不突出。从内部结构看，对比"陆路运输与管道运输（$c31$）"、"水上运输（$c32$）"、"航空运输（$c33$）"几大运输服务进口对制造业产出的供给效应可知，"陆路运输与管道运输（$c31$）"进口在运输服务进口总体对制造业的影响上起到了很大作用，其对资源型和低技术制造业产出的影响更大。"水上运输（$c32$）"服务进口对制造业升级具有微弱的促进作用。"航空运输（$c33$）"服务进口虽然对制造业整体及各行业产出的推动效应较弱，但这种影响主要体现在对技术密集型的"基础药品和医药制剂制造业（$c12$）"、"计算机、电子产品和光学产品制造业（$c17$）"以及"未另分类的机械和设备制造业（$c19$）"等行业上，因而可以在一定程度上促进制造业升级（张昕，2021）。因此，可以考虑适度扩大航空运输服务业的开放水平，例如对外资航空运输服务企业在飞机维修服务等某些业务领域探索取消中方控股的限制，同时引入竞争机制，加速国内航空运输服务业的发展。

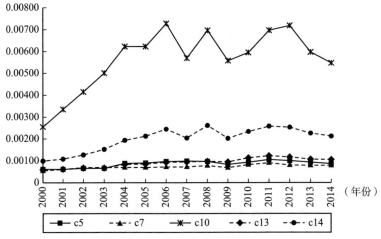

（a）2000~2014年运输服务进口对资源型制造业各部门的供给效应

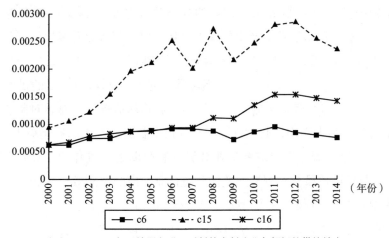

（b）2000~2014年运输服务进口对低技术制造业各部门的供给效应

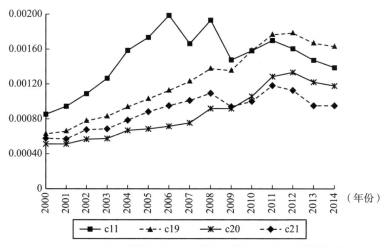

（c）2000~2014年运输服务进口对中等技术制造业各部门的供给效应

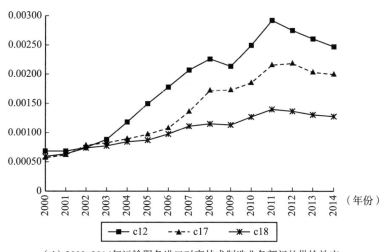

（d）2000~2014年运输服务进口对高技术制造业各部门的供给效应

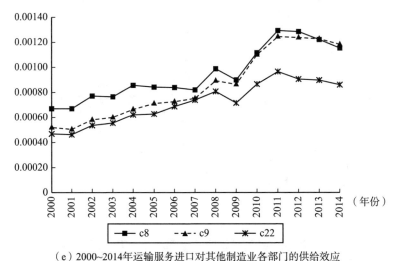

（e）2000~2014年运输服务进口对其他制造业各部门的供给效应

图5-8　2000～2014年运输服务进口对制造业各部门的供给效应

3. 建筑服务进口对制造业各部门的供给效应

如图5-9所示，国外建筑服务对制造业的前向推动效应主要体现在对"焦炭和精炼石油产品制造业（c10）"、"基本金属制造业（c15）"、"其他非金属矿物制品制造业（c14）"、"未另分类的机械和设备制造业（c19）"和"其他运输设备制造业（c21）"产出的正向影响上。显然，作为劳动力

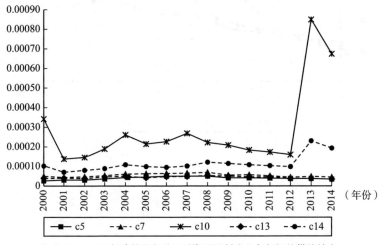

（a）2000~2014年建筑服务进口对资源型制造业各部门的供给效应

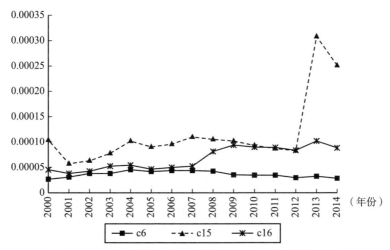

（b）2000~2014年建筑服务进口对低技术制造业各部门的供给效应

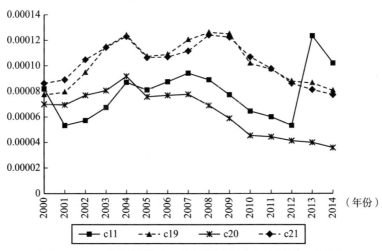

（c）2000~2014年建筑服务进口对中等技术制造业各部门的供给效应

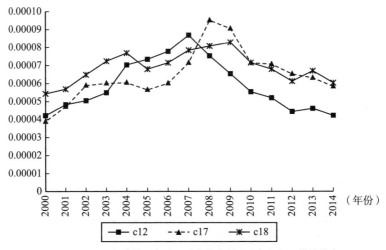

（d）2000~2014年建筑服务进口对高技术制造业各部门的供给效应

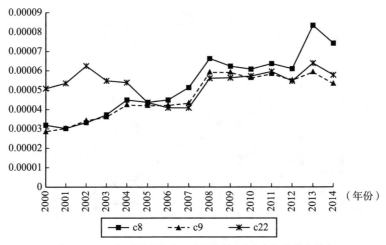

（e）2000~2014年建筑服务进口对其他制造业各部门的供给效应

图5-9　2000~2014年建筑服务进口对制造业各部门的供给效应

密集型传统生产性服务，建筑服务的进口对资源型和低技术制造业产出的促进作用更明显，而对制造业升级的作用不明显。

4. 金融保险服务进口对制造业各部门的供给效应

金融保险服务进口对制造业各行业产出的促进作用较为均衡，而且从变动趋势来看，其对中国制造业向高端迈进的推动作用较为明显（见图5-10）。

其中，"除强制性社会保障之外的保险、再保险和养恤基金（c42）"（简称"保险服务"）进口的前向推动效应逐步增强，而"除保险和养恤金外的金融服务（c41）"（简称"金融服务"）进口的作用还有待巩固和提升。2003年之后，金融保险服务进口对中、高技术制造业产出的促进愈加明显且呈协同增强态势，尤其是 2012～2014 年，其对"未另分类的机械和设备制造业（c19）"、"计算机、电子产品和光学产品制造业（c17）"、"其他运输设备制造业（c21）"以及"基础药品和医药制剂制造业（c12）"的前向推动效应显著高于对其他制造业部门的影响（张昕，2021）。除"汽车、拖车和半拖车制造业（c20）"之外，金融服务对其他各制造业部门产出的推动效应均显著增强，可见金融服务进口对制造业的作用力仍存在较大的施展空间。从制造业的内部结构来看，金融服务进口对中、高技术制造业的作用强度大于对其他制造业部门的作用强度，这也说明金融服务进口有助于制造业产业升级，而保险服务进口对制造业升级的作用则并不十分明显。综上足以见得金融保险领域开放，尤其是金融业开放对制造业升级的重要性。

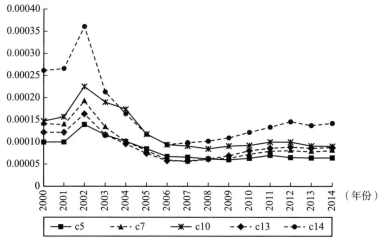

（a）2000~2014年金融保险服务进口对资源型制造业各部门的供给效应

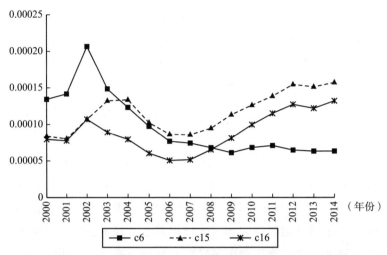

（b）2000~2014年金融保险服务进口对低技术制造业各部门的供给效应

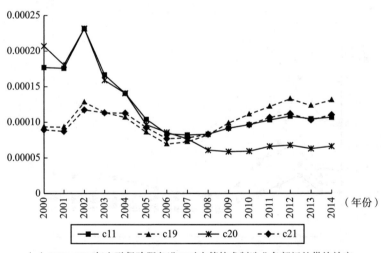

（c）2000~2014年金融保险服务进口对中等技术制造业各部门的供给效应

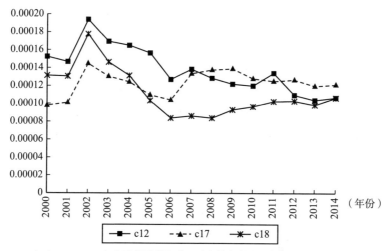

（d）2000~2014年金融保险服务进口对高技术制造业各部门的供给效应

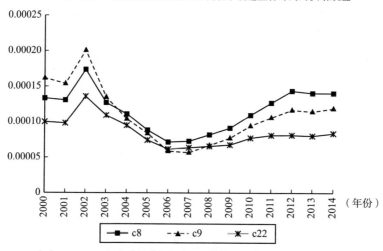

（e）2000~2014年金融保险服务进口对其他制造业各部门的供给效应

图5-10　2000~2014年金融保险服务进口对制造业各部门的供给效应

5. 通信、计算机和信息服务进口对制造业各部门的供给效应

从图5-11中可以清晰地发现，通信、计算机和信息服务进口对制造业的前向推动效应主要体现在对高技术制造业的影响上，其中对"计算机、电子产品和光学产品制造业（c17）"产出的促进作用最大，且这种积极影响主要是"计算机程序设计、咨询及相关服务和信息服务（c40）"在起作

用，且其对"计算机、电子产品和光学产品制造业（c17）"、"电力设备制造业（c18）"以及"基础药品和医药制剂制造业（c12）"产出的促进最为明显。随着全球经济回暖以及大数据、人工智能等新兴技术的发展，2013～2014年，通信、计算机和信息服务进口对各制造业行业的前向推动效应整体呈上升趋势，平均涨幅达4.34%，其中对其他制造业中"记录媒介物的印制及复制（c9）"的推动效应年均涨幅最高，达10.84%（张昕，2021）。

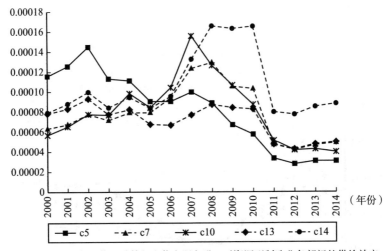

（a）2000~2014年通信、计算机和信息服务进口对资源型制造业各部门的供给效应

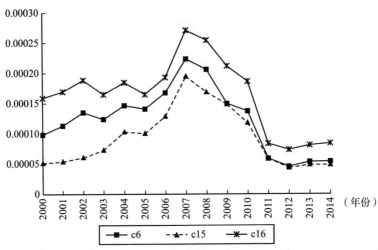

（b）2000~2014年通信、计算机和信息服务进口对低技术制造业各部门的供给效应

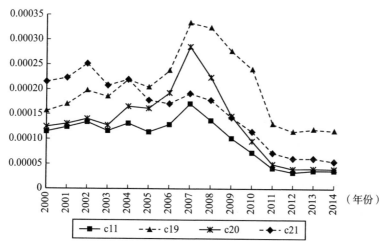

（c）2000~2014年通信、计算机和信息服务进口对中等技术制造业各部门的供给效应

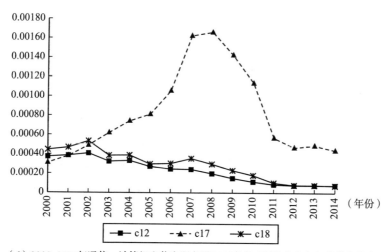

（d）2000~2014年通信、计算机和信息服务进口对高技术制造业各部门的供给效应

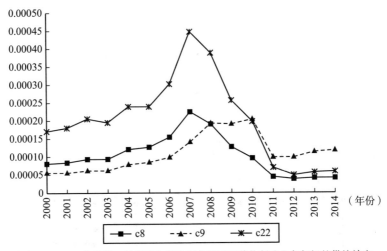

（e）2000~2014年通信、计算机和信息服务进口对其他制造业各部门的供给效应

图 5 - 11   2000 ~ 2014 年通信、计算机和信息服务进口对制造业各部门的供给效应

6. 其他商业服务进口对制造业各部门的供给效应

其他商业服务进口对制造业升级也具有较为明显的促进作用。长期以来，其对高技术制造业中的"基础药品和医药制剂制造业（$c12$）"、"计算机、电子产品和光学产品制造业（$c17$）"、"电力设备制造业（$c18$）"以及中等技术制造业中的"汽车、拖车和半拖车制造业（$c20$）"产出的促进作用显著高于对其他制造业行业产出的影响。2014 年，其他商业服务进口对制造业各行业产出的平均促进效应同比提高 3.77%，除"化学品及化工产品制造业（$c11$）"外，对其他中、高技术制造业行业的促进效应涨幅均大于均值，对"电力设备制造业（$c18$）"产出的促进效应涨幅最高，达6.87%（张昕，2021）。

如图 5 - 12 所示，其他商业服务进口对制造业的影响主要由"法律和会计服务、总公司服务、管理咨询服务（$c45$）"的进口引起（张昕，2021）。2000 ~ 2006 年各年，$c45$ 对制造业产出的影响力占其他商业服务整体对制造业影响效应的95%以上；2007 ~ 2014 年，该占比的年均值虽降至82.71%，但仍可见其显著的重要性。$c45$ 对高技术制造业的影响明显高于对其他制造业部门的影响。与之相比,"科学研究与发展服务 (c47)"虽然对制造业产出的推动效应稍显微弱,但从产业结构来看,其对制造业升级的促进作用更为明显(张昕,2021)。因此,应重点提高"法律和会计服务,总公司服务,管理咨询服务 (c45)"的开放水平,在一定程度上引进国外优质的"科学研究与发展服务 (c47)",促进制造业升级,同时注重提高国内科技研发水平,助力企业自身掌握核心技术,构建核心竞争力。

科技研发能力提升不仅是对制造业,对国民经济各个部门都将起到更为重要的助推作用。"科学研究与发展服务 (c47)"进口对国内下游制造业的推动力主要集中于对高技术制造业和中等技术制造业的影响上。受金融危机的影响,2008~2012 年,该项服务进口对制造业各部门产出的影响基本呈下降态势,但随着全球经济日渐回暖,2013~2014 年,其对高技术和中等技术制造业产出的促进作用显著增强,年均涨幅分别为 4.58% 和 3.53%。随着国内知识产权保护体系的日益完善,引进国外研发服务将对国民经济发展产生更为显著的推动效应,可以有力助推国内制造业升级和国内大循环高质量发展(张昕,2021)。

据国家统计局日前发布的统计年鉴数据,全国三种专利授权数(发明、实用新型、外观设计)显著提升,由 2000 年的 95236 件持续增至 2017 年的 3520901 件,增长了 35.97 倍。在世界银行统计口径下,中国 R&D 支出占 GDP 的比重亦呈上升趋势,由 1996 年的 0.56 强势提高至 2020 年的 2.40,如今虽已超过众多国家的技术水平,但与韩国(4.81)、瑞典(3.53)、美国(3.45)、日本(3.26)、德国(3.14)、丹麦(2.96)、芬兰(2.94)等发达国家的研发水平以及全球平均水平(2.63)[1] 相比仍存在明显差距。因此,在扩大进口,引进国外先进的科学研究与发展服务 (c47)的同时,更要大力提升自主研发水平。

---

[1] 括号内数字为世界银行统计口径下,2020 年该国 R&D 支出占 GDP 的比重。

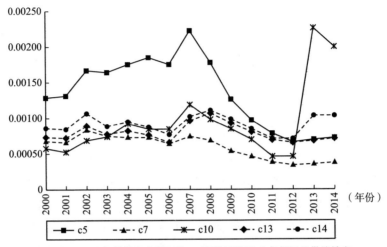

（a）2000~2014年其他商业服务进口对资源型制造业各部门的供给效应

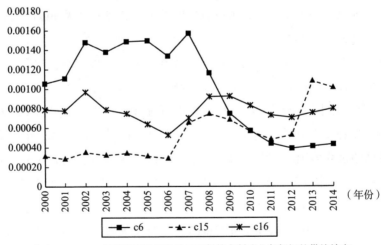

（b）2000~2014年其他商业服务进口对低技术制造业各部门的供给效应

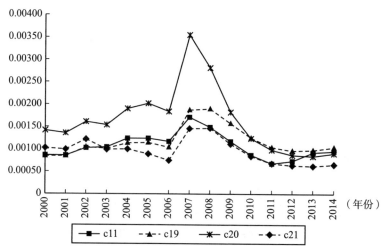

（c）2000~2014年其他商业服务进口对中等技术制造业各部门的供给效应

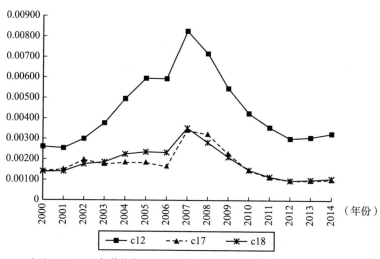

（d）2000~2014年其他商业服务进口对高技术制造业各部门的供给效应

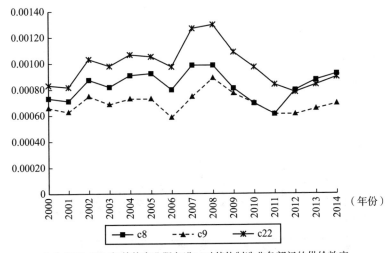

（e）2000~2014年其他商业服务进口对其他制造业各部门的供给效应

图 5 - 12　2000 ~ 2014 年其他商业服务进口对制造业各部门的供给效应

7. 其他生产性服务进口对制造业各部门的供给效应

从 2000 ~ 2014 年长期来看，其他生产性服务进口对"焦炭和精炼石油产品制造业（$c10$）"、"计算机、电子产品和光学产品制造业（$c17$）"和"基本金属制造业（$c15$）"产出增加的推动效应强于对其他制造业部门的影响（如图 5 - 13 所示）。且由各细分行业里昂惕夫逆矩阵中的系数可知，"批发贸易（汽车和摩托车除外）（$c29$）"为其他生产性服务进口的主要行业，其对上述三种制造业影响力的年均值分别为其他商业服务整体所带来的影响力的 99.45%、94.40% 和 98.65%。2014 年，其他生产性服务整体对于"除化学品及化工产品制造业（$c11$）"及"基础药品和医药制剂制造业（$c12$）"之外的其他中、高技术制造业部门的推动效应均明显增长，平均涨幅为 13.77%，但其对其他制造业部门而言，仅对"木材、木制品及软木制品制造业（家具除外）、草编制品及编织材料物品制造业（$c7$）"的影响力有所强化，而对其他部门的作用力均显著下滑，这也说明其他生产性服务对制造业升级具有一定助推作用，但从强度上看，这种作用较为有限（张昕，2021）。

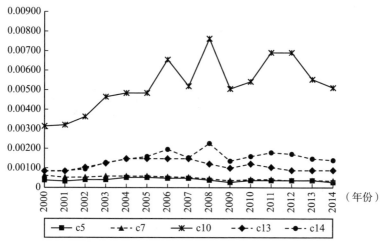

（a）2000~2014年其他生产性服务进口对资源型制造业各部门的供给效应

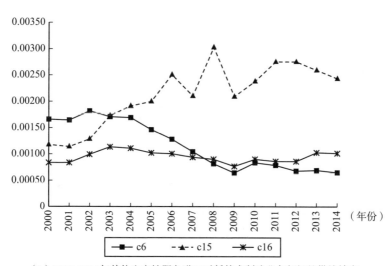

（b）2000~2014年其他生产性服务进口对低技术制造业各部门的供给效应

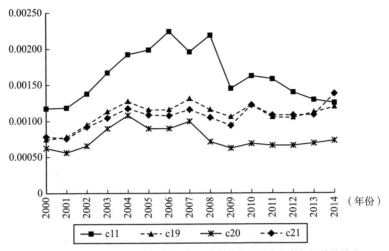

（c）2000~2014年其他生产性服务进口对中等技术制造业各部门的供给效应

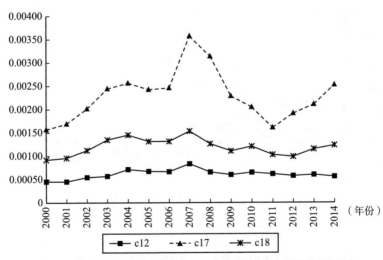

（d）2000~2014年其他生产性服务进口对高技术制造业各部门的供给效应

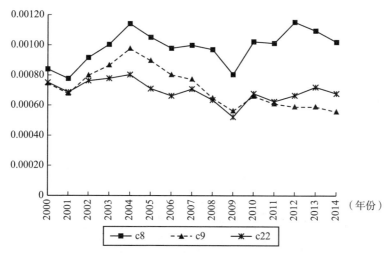

（e）2000~2014年其他生产性服务进口对其他制造业各部门的供给效应

图 5 - 13　2000 ～ 2014 年其他生产性服务进口对制造业各部门的供给效应

综合来看，生产性服务进口的增加显著促进了中国制造业的产出增长，而且其对低技术制造业的带动愈加有限、对高技术制造业的带动愈发显著，有助于制造业由低端向高端升级（见图 5 - 14）。由此，前述假说 H1 的前半部分得到验证。传统生产性服务"货物相关服务"进口对中国制造业升级的促进作用较为有限，"运输服务"和"建筑服务"进口对资源型和低技术制造业产出的促进作用更为显著，而知识、技术密集度较高的"金融保险服务"、"通信、计算机和信息服务"以及"其他商业服务"进口在扩大中国制造业产出规模的同时，有效推动了中国制造业向高端迈进。可见，相对于技术密集度较低的生产性服务进口，技术密集度较高的生产性服务进口对制造业升级的推动效应更强。由此，前述假说 H1 的后半部分得到验证（张昕，2021）。

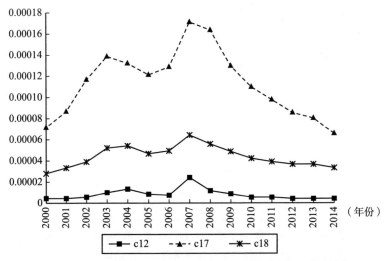

（a）2000~2014年货物相关服务进口对高技术制造业各部门的供给效应

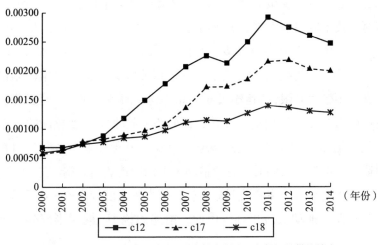

（b）2000~2014年运输服务进口对高技术制造业各部门的供给效应

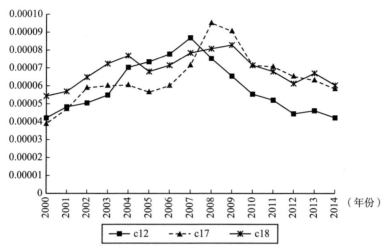

（c）2000~2014年建筑服务进口对高技术制造业各部门的供给效应

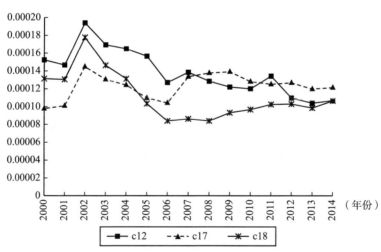

（d）2000~2014年金融保险服务进口对高技术制造业各部门的供给效应

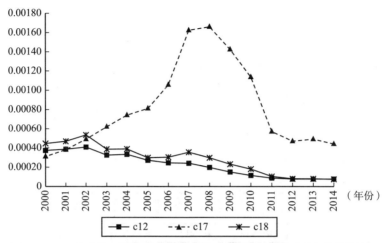

（e）2000~2014年通信、计算机和信息服务进口对高技术制造业各部门的供给效应

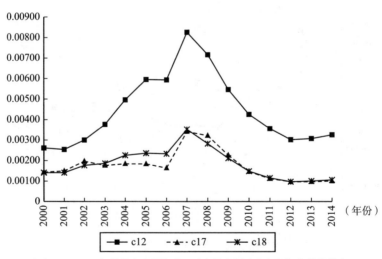

（f）2000~2014年其他商业服务进口对高技术制造业各部门的供给效应

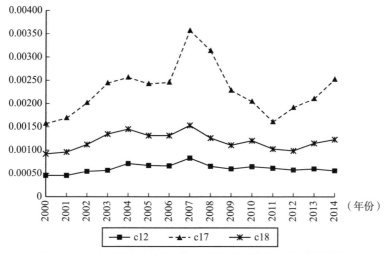

（g）2000~2014年其他生产性服务进口对高技术制造业各部门的供给效应

图 5 – 14 2000～2014 年各类生产性服务进口对中国高技术制造业各部门的供给效应

第三节 制造业对生产性服务进口的需求效应

一、制造业与生产性服务进口的中间需求结构

（一）制造业整体对国内外生产性服务的中间需求

图 5 – 15 反映出国内各部门（生产性服务部门、制造业部门和其他部门）对国内外生产性服务的需求率。由图 5 – 15 可以发现，一是 2000～2014 年，国内部门合计对国内、外生产性服务的年均中间需求率分别为 49.14% 和 71.40%，可见生产性服务具有明显的中间产品性质，且生产性服务进口相比国内生产性服务而言，其中间品属性更为显著；二是国民经济对国内外生产性服务的中间需求主要集中于制造业部门的中间需求上。长期以来，国内制造业部门对生产性服务进口的需求率处在较高水平，年均中间需求率高达 31.14%，可见生产性服务进口更多地被用于满足国内制造业的中间需求。

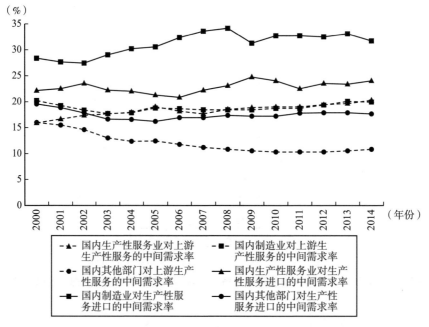

图 5 – 15   国内部门对国内外生产性服务的中间需求率

2000～2014 年中国制造业对国内外几大类生产性服务的中间需求率如表 5 – 8 所示。由于制造业涵盖的产品种类广泛，需要批发服务，仓储、运输、供应链网络，产品维修服务等予以支持，故从静态分布来看，中国制造业对国内外的其他生产性服务、运输服务和其他商业服务，以及货物相关服务进口具有较高需求。其他生产性服务、运输服务、货物相关服务、其他商业服务为制造业中间需求较高的四大生产性服务进口类别。其中，制造业对货物相关服务进口的中间需求率显著提升，可见货物贸易与服务贸易协同发展的趋势愈加显著。此外，中国制造业对国内、外金融保险服务均存在较大的中间需求，这同时表明货币资本对制造业发展具有较强的支撑作用。2014 年中国制造业对国内、外生产性服务的中间需求率分别为 27.45% 和 17.04%，差异较大，但从总的动态变化来看，前者在 2000 年的基础上增长 34.93%，而后者相较 2000 年的中间需求率增长了 1.08 倍，可见金融保险服务进口对国内制造业的支撑效果更为显著。

表5-8 2000～2014年中国制造业对国内外生产性服务的中间需求率　　　单位：%

年份	国内生产性服务部门							生产性服务进口部门					
	货物相关服务	运输服务	建筑服务	金融保险服务	通信、计算机和信息服务	其他商业服务	其他生产性服务	货物相关服务进口	运输服务进口	建筑服务进口	金融保险服务进口	通信、计算机和信息服务进口	其他商业服务进口	其他生产性服务进口
2000	0.00	33.47	0.22	20.34	23.26	18.46	39.90	26.67	30.90	11.00	8.20	22.00	26.64	49.02
2001	0.00	32.47	0.22	20.03	22.23	18.63	38.84	15.20	31.24	8.02	7.84	21.22	26.52	47.02
2002	0.00	32.20	0.20	20.14	21.52	19.47	38.32	23.74	32.03	7.87	7.80	21.08	26.91	45.32
2003	0.00	31.85	0.16	21.48	18.59	23.02	35.54	24.16	33.45	8.14	9.72	19.57	24.88	47.55
2004	0.00	31.76	0.13	22.95	17.39	25.96	33.39	23.40	34.31	8.51	11.50	21.71	24.09	48.99
2005	0.00	32.72	0.13	24.82	16.90	29.98	32.05	24.10	36.35	8.59	11.93	22.47	22.39	51.03
2006	0.00	32.98	0.14	25.90	16.76	31.70	32.87	25.91	37.25	9.24	14.26	24.87	22.13	53.96
2007	0.00	32.63	0.18	26.30	16.59	32.64	33.99	30.40	34.89	10.70	18.53	30.44	26.83	55.97
2008	0.00	33.71	0.38	26.44	12.46	32.07	35.93	34.36	36.25	13.17	17.59	26.76	25.32	58.51
2009	0.00	35.87	0.51	26.97	9.87	31.91	38.06	33.79	33.88	14.19	17.45	23.96	24.11	50.61
2010	0.00	36.64	0.69	27.24	8.40	39.53	39.66	39.66	34.85	15.33	17.63	23.45	23.23	50.32
2011	0.00	37.61	0.83	26.88	7.42	29.92	40.17	38.49	35.42	15.66	17.06	11.27	22.35	51.61
2012	0.00	39.12	0.90	27.52	6.37	30.45	41.15	38.76	35.87	18.01	16.89	9.77	22.69	47.19
2013	0.00	39.75	1.01	27.71	6.61	30.79	42.03	39.50	35.02	32.25	17.46	9.96	27.14	46.26
2014	0.00	39.33	1.00	27.45	6.55	30.80	41.68	36.87	34.01	30.03	17.04	9.16	25.94	44.93

资料来源：据WIOD数据库2000～2014年世界投入产出表数据计算整理得出。

（二）制造业整体对生产性服务进口细分行业的中间需求

图5-16和表5-9反映出2000～2014年中国制造业对生产性服务进口各细分行业的中间需求率变动情况。由图5-16和表5-9可知，2000～2014年，中国制造业整体对生产性服务进口的中间需求主要集中于"污水处理，废物的收集、处理和处置活动，材料回收，补救活动和其他废物管理服务（c26）"、"批发贸易（汽车和摩托车除外）（c29）"、"陆路运输与管道运输（c31）"、"科学研究与发展服务（c47）"、"运输的仓储和支持服务

（c34）"和"水上运输（32）"上，其对以上几种服务行业的年平均中间需求率分别为 58.17%、51.72%、49.86%、34.91%、33.99% 和 33.38%。

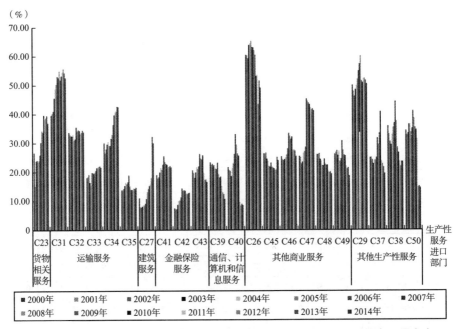

图 5 - 16　2000～2014 年中国制造业对生产性服务进口各细分行业的中间需求率

表 5 - 9　2000～2014 年中国制造业对生产性服务进口各细分行业的中间需求率

单位：%

服务进口类别	行业	2000年	2001年	2002年	2003年	2004年	2005年	2006年	2007年	2008年	2009年	2010年	2011年	2012年	2013年	2014年
货物相关服务	C23	26.67	15.20	23.74	24.16	23.40	24.10	25.91	30.40	34.36	33.79	39.66	38.49	38.76	39.50	36.87
运输服务	C31	39.63	40.19	41.03	45.59	48.72	50.29	53.09	52.59	54.84	51.86	53.13	54.45	55.58	54.20	52.63
	C32	33.74	32.96	32.47	32.45	32.94	31.01	31.43	35.51	34.14	34.60	34.26	33.23	33.66	34.44	33.85
	C33	18.23	18.43	19.20	16.42	15.31	19.79	19.81	19.61	19.92	20.63	21.56	21.67	21.93	22.08	21.71
	C34	29.98	26.52	27.96	29.56	30.34	29.10	29.19	31.64	32.92	36.28	39.65	40.64	40.97	42.65	42.51
	C35	13.82	13.76	14.15	15.31	16.42	15.82	16.63	18.93	15.15	13.91	13.86	13.72	14.33	14.24	14.67

续表

服务进口类别	行业	2000年	2001年	2002年	2003年	2004年	2005年	2006年	2007年	2008年	2009年	2010年	2011年	2012年	2013年	2014年
建筑服务	C27	11.00	8.02	7.87	8.14	8.51	8.59	9.24	10.70	13.17	14.19	15.33	15.66	18.01	32.25	30.03
金融保险服务	C41	19.12	17.90	18.28	19.77	21.50	20.93	22.57	25.46	23.53	22.59	21.79	21.79	22.17	21.73
	C42	7.46	7.17	7.13	8.69	10.01	10.17	11.37	14.32	13.58	13.74	13.58	12.67	12.32	12.75	12.79
	C43	20.53	19.67	17.99	19.86	21.59	21.08	22.02	26.17	24.76	24.43	25.84	19.49	17.25	17.39	16.57
通信、计算机和信息服务	C39	23.29	22.44	22.93	22.22	22.42	21.19	21.07	23.19	19.23	18.16	18.40	15.13	12.96	12.37	10.66
	C40	21.62	20.81	20.47	18.68	21.45	22.91	26.22	33.14	29.49	26.44	25.64	9.60	8.42	9.04	8.62
其他商业服务	C26	60.38	60.25	59.15	63.80	64.46	65.24	63.13	62.96	62.08	60.42	53.23	53.49	43.41	51.50	49.09
	C45	26.40	26.35	26.77	24.57	23.77	22.08	21.80	23.24	21.89	21.56	21.20	20.73	20.75	25.17	24.06
	C46	25.38	24.30	24.10	24.42	25.07	25.95	28.06	33.46	32.42	31.40	32.24	27.38	27.63	27.24	25.43
	C47	25.46	25.23	22.88	23.48	26.59	27.11	28.70	45.33	44.54	43.86	43.46	42.26	41.66	41.88	41.27
	C48	26.14	26.07	26.37	24.47	23.85	22.21	22.35	24.57	22.79	22.50	22.41	20.32	19.80	20.11	19.36
	C49	26.26	26.83	27.40	25.71	27.13	23.76	24.53	30.88	27.68	25.98	25.57	22.07	21.17	21.50	18.76
其他生产性服务	C29	49.98	47.85	46.26	48.45	49.89	51.94	54.95	57.25	59.94	51.59	50.88	52.34	52.35	51.68	50.47
	C37	25.08	24.97	24.21	22.89	24.11	24.18	25.05	31.66	29.42	33.46	40.90	24.03	22.93	21.73	19.57
	C38	35.84	33.08	30.55	29.41	32.98	35.40	36.98	44.39	37.44	28.57	26.66	23.86	21.94	23.60	23.58
	C50	34.31	32.74	33.38	36.45	36.45	33.77	35.06	41.15	38.53	35.40	34.61	31.41	15.00	15.09	14.71

资料来源：据 WIOD 数据库 2000～2014 年世界投入产出表数据计算整理得出。

国内制造业对 c26 和 c29 项服务的中间需求率一直处于较高水平，说明此两项服务进口长期起到重要的支撑作用，但前者的中间需求率有明显下滑，逐步让与对研发等技术密集程度更高的服务的进口需求上。在"一带一路"倡议的强力推动下，中国将通过新丝绸之路经济带加强与中亚及欧洲的陆路联通，同时借助 21 世纪海上丝绸之路加强与沿线国家的水路相连，对此，中国制造业对陆路和水路运输服务进口的中间需求也将更为强烈。然而，海上运输周期长，天气、自然不可抗力等因素使得货物灭失的风险增加。在经济全球化的今天，各国经济活动对效率的追求更高，而航空运输对运载货物的安全、品质和运载效率具有较高的保障，中国制造业对"航空运输（c33）"服务的中间需求率由 2000 年的 18.23% 日益增至 2014 年的 21.71%。此外，国内制造业对"运输的仓储和支持服务（c34）"进口的中间需求率由 2000 年的 29.98% 增至 2014 年的 42.51%。

同样借鉴刘书瀚等（2010）的研究方法，将 2000 年、2004 年、2009 年和 2014 年国内制造业对生产性服务进口各细分行业的中间需求率进行排名，居于前十位的行业如表 5－10 所示。结合表 5－9 和表 5－10 可知，2000~2014 年中国制造业对生产性服务进口的中间需求结构不断升级。国内制造业对"污水处理，废物的收集、处理和处置活动，材料回收，补救活动和其他废物管理服务（c26）"的中间需求占比显著下滑，对"研发服务（c47）""建筑和工程活动，技术测试与分析（c46）"等技术密集型生产性服务业的中间需求率的排名日益提升。

表 5－10　　　　制造业对生产性服务进口各细分行业的中间需求率　　　　单位：%

排名	2000 年	2004 年	2009 年	2014 年
1	污水处理，废物的收集、处理和处置活动，材料回收，补救活动和其他废物管理服务（c26）	污水处理，废物的收集、处理和处置活动，材料回收，补救活动和其他废物管理服务（c26）	污水处理，废物的收集、处理和处置活动，材料回收，补救活动和其他废物管理服务（c26）	陆路运输与管道运输（c31）
2	批发贸易（汽车和摩托车除外）（c29）	批发贸易（汽车和摩托车除外）（c29）	陆路运输与管道运输（c31）	批发贸易（汽车和摩托车除外）（c29）
3	陆路运输与管道运输（c31）	陆路运输与管道运输（c31）	批发贸易（汽车和摩托车除外）（c29）	污水处理，废物的收集、处理和处置活动，材料回收，补救活动和其他废物管理服务（c26）
4	电影、录像和电视节目制作、录音及音乐作品出版服务，节目制作和广播（c38）	行政和辅助服务（c50）	科学研究与发展服务（c47）	运输的仓储和支持服务（c34）

排名	2000 年	2004 年	2009 年	2014 年
5	行政和辅助服务（c50）	电影、录像和电视节目制作、录音及音乐作品出版服务，节目制作和广播（c38）	运输的仓储和支持服务（c34）	科学研究与发展服务（c47）
6	水上运输（c32）	水上运输（c32）	行政和辅助服务（c50）	机械、设备的修理和安装（c23）
7	运输的仓储和支持服务（c34）	运输的仓储和支持服务（c34）	水上运输（c32）	水上运输（c32）
8	机械、设备的修理和安装（c23）	其他专业、科学和技术服务，兽医服务（c49）	机械、设备的修理和安装（c23）	建筑业（c27）
9	法律和会计服务，总公司服务，管理咨询服务（c45）	科学研究与发展服务（c47）	出版服务（c37）	建筑和工程活动，技术测试与分析（c46）
10	其他专业、科学和技术服务，兽医服务（c49）	建筑和工程活动，技术测试与分析（c46）	建筑和工程活动，技术测试与分析（c46）	法律和会计服务，总公司服务，管理咨询服务（c45）

二、制造业对上游生产性服务进口的需求效应

同理，用非竞争型投入产出模型对世界投入产出表进行整理，在运用 MATLAB 软件得到里昂惕夫逆矩阵的基础上，可进一步求得中国制造业对上游生产性服务进口的需求效应。

（一）制造业整体对国内外生产性服务的需求效应

从国内制造业整体对价值链上游国内、外各类生产性服务的需求效应来看（见图 5 - 17 和图 5 - 18），二者的变动趋势基本相反，可见生产性服务

进口与国内生产性服务投入具有一定的替代性。

制造业整体对国外生产性服务的需求主要体现在对运输服务、其他商业服务、其他生产性服务进口的拉动效应上。制造业对国内其他生产性服务的需求拉动效应由 2000 年的 0.5262 降至 2005 年的 0.2247，但之后此效应强势走高，于 2014 年回升至 0.4825。2010～2014 年，制造业整体对其他生产性服务进口的需求基本稳定，年均需求效应值涨幅为 2.48%。2000～2008 年及 2009～2011 年两个时间区段内，制造业对运输服务进口的需求拉动效应呈阶段性增强态势；2012～2014 年该效应虽逐年走低，但仍居于较高水平，明显强于对其他几类生产性服务进口的影响力。不论国内其他商业服务还是国外其他商业服务，二者均为国内制造业需求第二大的服务类别；2013～2014 年，制造业整体对二者需求拉动效应的年均涨幅分别为7.97%和11.77%，呈增强态势。

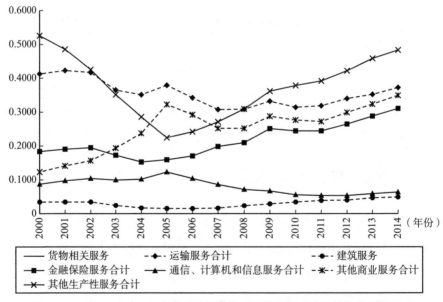

图 5-17 2000～2014 年中国制造业整体对国内上游生产性服务的需求效应

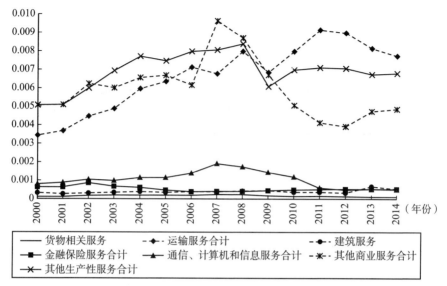

图 5 – 18　2000 ~ 2014 年中国制造业整体对生产性服务进口的需求效应

此外，制造业生产过程需要融资融券、商业信贷、保险、再保险服务予以支撑，同时对软件服务、ICT 通信技术的应用也愈加广泛，因此对国内外金融保险服务业，以及通信、计算机和信息服务的发展起到持续的拉动效应。

（二）制造业对生产性服务进口的需求效应

根据图 5 – 17 和图 5 – 18，制造业产出增长对国内生产性服务业的需求效应同样远远大于对生产性服务进口的需求效应。基于本书的研究目的，将制造业分为"资源型、低技术制造业"，"中、高技术制造业"和"其他制造业"三类分别进行分析（张昕，2021）。

1. 资源型、低技术制造业对生产性服务进口的需求效应

资源型制造业和低技术制造业一直以来对传统生产性服务——"批发贸易（汽车和摩托车除外）（c29）"、"陆路运输与管道运输（c31）"以及其他商业服务中的"法律和会计服务，总公司服务，管理咨询服务（c45）"进口具有较强的后向拉动效应（也可称之为需求拉动效应）（张昕，2021），其效应值明显大于对其他生产性服务部门的影响（见图 5 – 19 和图 5 – 20）。

其中，食品、饮料、烟草制品以及纺织建材等资源型和低技术制成品生产在嵌入全球价值链参与国际大循环的过程中，不论是满足国内外下游环节企业的中间需求还是满足终端市场消费者的最终需求，均需要批发服务予以支撑（张昕，2021）。因此，对资源型制造业和低技术制造业而言，"批发贸易（汽车和摩托车除外）（c29）"服务是二者需求最大的生产性服务进口行业，二者对此项服务进口长期具有强劲的需求拉动效应。

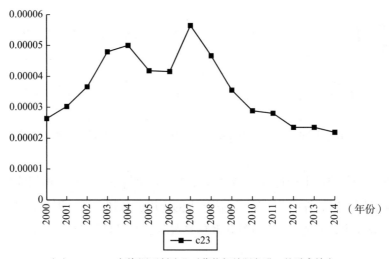

（a）2000~2014年资源型制造业对货物相关服务进口的需求效应

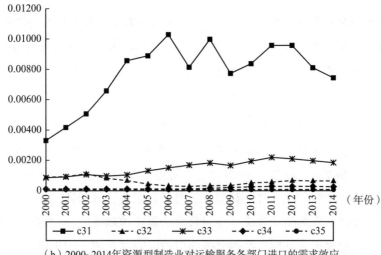

（b）2000~2014年资源型制造业对运输服务各部门进口的需求效应

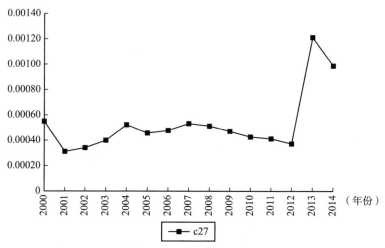

（c）2000~2014年资源型制造业对建筑服务进口的需求效应

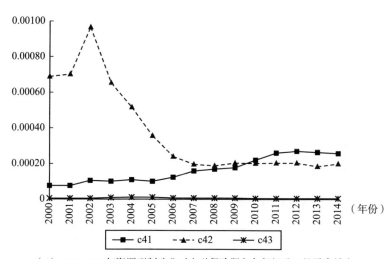

（d）2000~2014年资源型制造业对金融保险服务各部门进口的需求效应

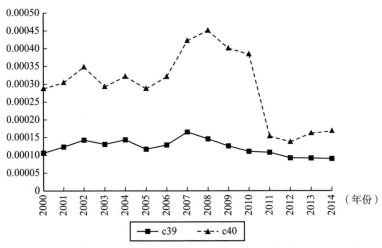

（e）2000~2014年资源型制造业对通信、计算机和信息服务各部门进口的需求效应

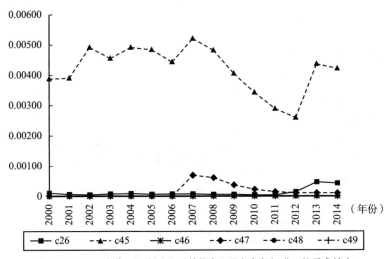

（f）2000~2014年资源型制造业对其他商业服务各部门进口的需求效应

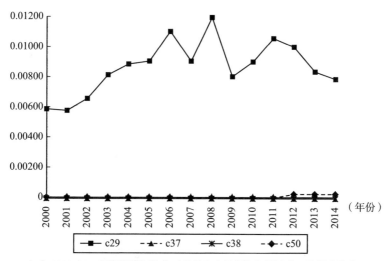

（g）2000~2014年资源型制造业对其他生产性服务各部门进口的需求效应

图 5 - 19　资源型制造业对各部门生产性服务进口的需求效应

由于资源型制成品和低技术制成品多为大宗货物或零部件产品，其普遍具有附加值低的特点，二者对控制运输费用以及货物安全性的要求较高，故对传统的"陆路运输与管道运输（c31）"进口的带动作用更强。2000 ~ 2014 年资源型和低技术制造业对"陆路运输与管道运输（c31）"进口的年均需求拉动效应分别为对"航空运输（c33）"服务进口拉动效应的 5.10 倍和 3.11 倍，分别为对"水上运输（c32）"服务进口拉动效应的 12.62 倍和 7.88 倍。[①] 资源型和低技术制造业对"航空运输（c33）"进口的需求效应先呈现出明显的增强态势，之后略有收紧。2001 ~ 2011 年资源型制造业和低技术制造业对航空运输需求效应的年平均增幅分别高达 9.73% 和 19.11%。2012 ~ 2014 年二者该效应值的年平均降幅分别为 5.49% 和 3.97%。由于"水上运输（c32）"受自然影响较大，同时由于运输周期过长，货物灭失的风险也随之加剧，故资源型和低技术制造业对"水上运输（c32）"服务进口的需求较为有限。

---

① 张昕. 生产性服务进口与制造业升级的双向联动机制——中国制造业发展的经验分析［J］. 西部论坛，2021，31（05）：15 - 33.

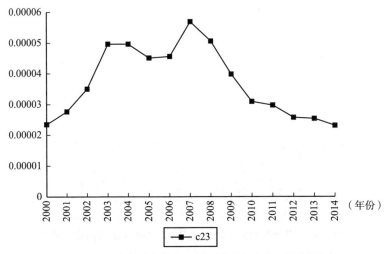

（a）2000~2014年低技术制造业对货物相关服务进口的需求效应

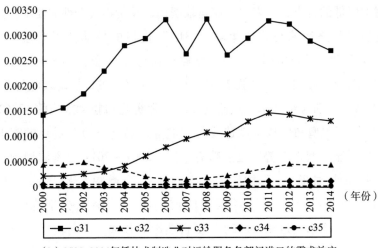

（b）2000~2014年低技术制造业对运输服务各部门进口的需求效应

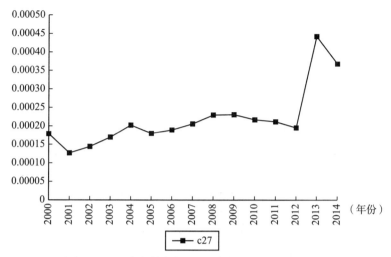

（c）2000~2014年低技术制造业对建筑服务进口的需求效应

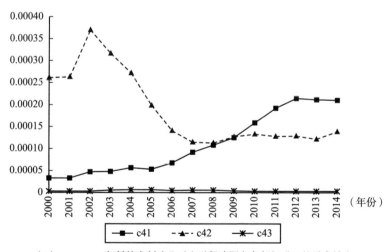

（d）2000~2014年低技术制造业对金融保险服务各部门进口的需求效应

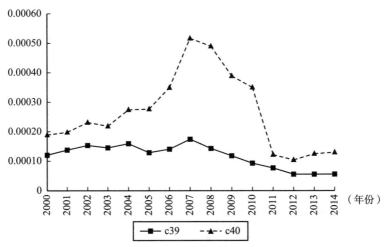

（e）2000~2014年低技术制造业对通信、计算机和信息服务各部门进口的需求效应

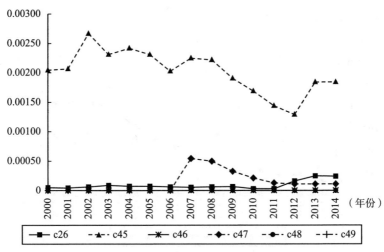

（f）2000~2014年低技术制造业对其他商业服务各部门进口的需求效应

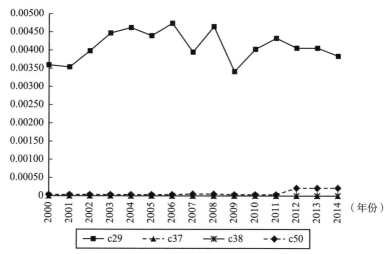

（g） 2000~2014年低技术制造业对其他生产性服务各部门进口的需求效应

图5-20 低技术制造业对各部门生产性服务进口的需求效应

2. 中、高技术制造业对生产性服务进口的需求效应

（1）中、高技术制造业整体对生产性服务进口的需求效应

中、高技术制造业均对其他商业服务、其他生产性服务、运输服务进口的需求较为强烈（见图5-21和图5-22）。二者对"法律和会计服务，总公司服务，管理咨询服务（c45）"、"批发贸易（汽车和摩托车除外）（c29）"、"航空运输（c33）"、"科学研究与发展服务（c47）"、"陆路运输与管道运输（c31）"和"计算机程序设计、咨询及相关服务，信息服务（c40）"具有较为明显的需求，尤其是对前三种生产性服务（c45、c29、c33）进口的拉动效应最为显著（张昕，2021）。并且很显然的一点是，高技术制造业对"法律和会计服务，总公司服务，管理咨询服务（c45）"、"批发贸易（汽车和摩托车除外）（c29）"、"航空运输（c33）"以及"计算机程序设计、咨询及相关服务，信息服务（c40）"的拉动效应普遍高于中等技术制造业的影响。

151

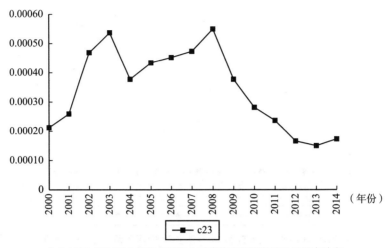

（a）2000~2014年中等技术制造业对货物相关服务进口的需求效应

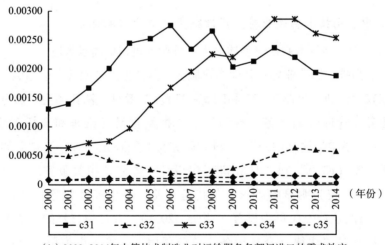

（b）2000~2014年中等技术制造业对运输服务各部门进口的需求效应

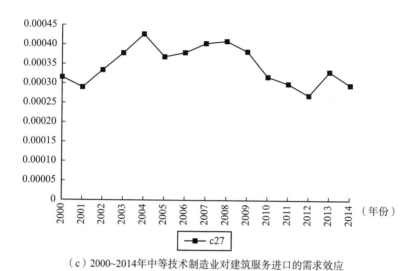

（c）2000~2014年中等技术制造业对建筑服务进口的需求效应

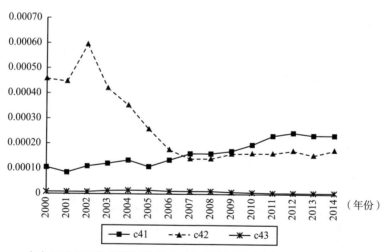

（d）2000~2014年中等技术制造业对金融保险服务各部门进口的需求效应

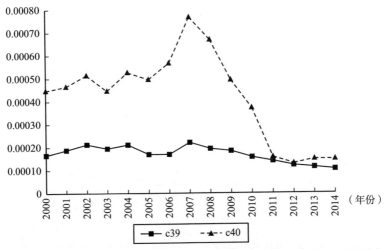

（e）2000~2014年中等技术制造业对通信、计算机和信息服务各部门进口的需求效应

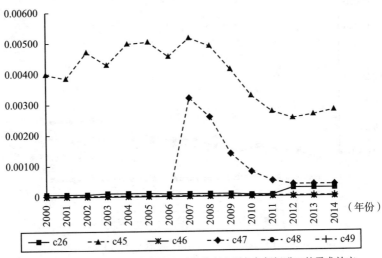

（f）2000~2014年中等技术制造业对其他商业服务各部门进口的需求效应

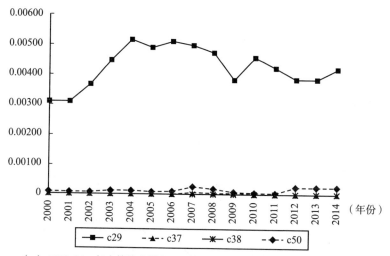

（g）2000~2014年中等技术制造业对其他生产性服务各部门进口的需求效应

图 5-21 中等技术制造业对各部门生产性服务进口的需求效应

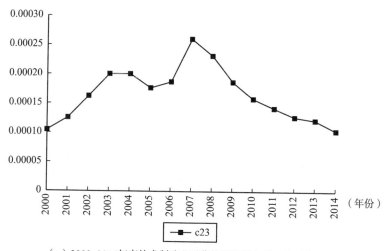

（a）2000~2014年高技术制造业对货物相关服务进口的需求效应

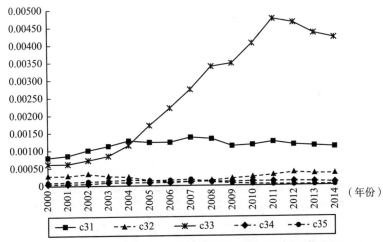

（b）2000~2014年高技术制造业对运输服务各部门进口的需求效应

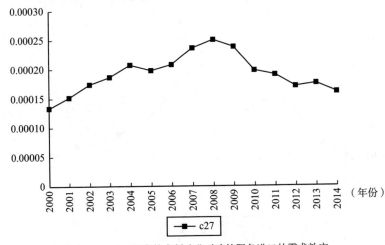

（c）2000~2014年高技术制造业对建筑服务进口的需求效应

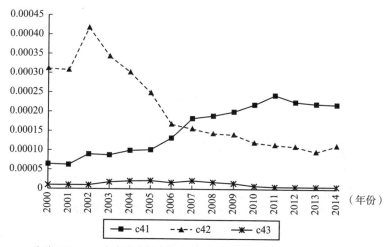

（d）2000~2014年高技术制造业对金融保险服务各部门进口的需求效应

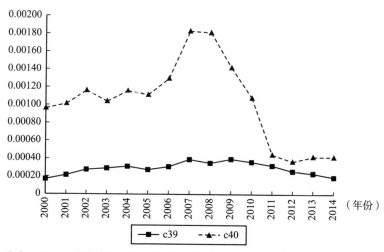

（e）2000~2014年高技术制造业对通信、计算机和信息服务各部门进口的需求效应

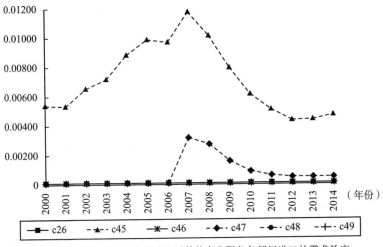

（f）2000~2014年高技术制造业对其他商业服务各部门进口的需求效应

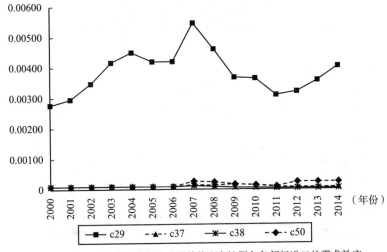

（g）2000~2014年高技术制造业对其他生产性服务各部门进口的需求效应

图 5 - 22　高技术制造业对各部门生产性服务进口的需求效应

从中、高技术制造业对其他商业服务进口的影响来看，2007 年，中、高技术制造业对"法律和会计服务，总公司服务，管理咨询服务（c45）"进口的拉动作用分别达各自峰值——0.0052 和 0.0118，之后作用力有所下降，但在 2013 年开始反弹；2013 ~ 2014 年此两类制造业对 c45 进口拉动效应的年均涨幅分别为 5.36% 和 4.10%。

　　研发能力常被视为反映科技水平的重要指标。中、高技术制造业多具有知识、技术密集的特征，对"科学研究与发展服务（c47）"自然也有较高的需求，同时也带动了研发服务的进口。2007 年中、高技术制造业对研发服务进口的需求拉动效应分别达峰值 0.0032 和 0.0031，虽然受金融危机影响，2008～2012 年中等技术和高技术制造业对国外研发服务的进口需求有所降低，但自 2013 年开始二者对此项服务进口的需求拉动效应持续回升，年均涨幅分别为 3.53% 和 4.58%（张昕，2021），可见高技术制造业对国外先进研发服务的需求更为强烈。

　　中、高技术制造业对其他生产性服务进口的拉动力主要体现为对"批发服务（汽车和摩托车除外）（c29）"进口的需求上。中、高技术制造业的制成品——医药、医疗器材，化工产品，机械设备以及电子产品等不论是作为中间品还是最终品参与到全球价值链中，都需要大量相关的批发服务予以支撑。

　　关于中、高技术制造业对运输服务进口的需求影响力，图 5-21 和图 5-22 显示，2001～2014 年，二者对"航空运输（c33）"进口需求拉动效应的年平均涨幅分别高达 11.22% 和 15.67%，这也进一步说明，为助力制造业升级，应适度放宽航空服务外资企业的准入条件，满足国内中、高技术制造业对国外航空运输服务的需求，与此同时也应强化国内航空服务业的竞争，带动国内行业发展。对比几大制造业类别，资源型和低技术制造业发展对陆路运输服务、海运服务进口的需求拉动效应大于中等技术和高技术制造业，这表明技术水平越高的制造业对陆、海运输服务进口的需求越低，而对航空运输服务进口的需求越高（张昕，2021）。因此应适度控制运输服务尤其是陆路运输和海运的进口规模，但在一定程度上放宽航空运输服务外资的准入条件。

　　中、高技术制造业尤其是高技术制造业对通信、计算机和信息服务进口的需求拉动也值得关注。2001～2007 年，中等技术制造业对"通信业（c39）"和"计算机程序设计、咨询及相关服务，信息服务（c40）"进口需求拉动效应的年均涨幅分别为 5.17% 和 9.06%。同期高技术制造业对两项服务（C39 和 C40）进口的需求拉动效应年平均涨幅分别高达 13.51% 和 10.68%。此阶段之后，中、高技术制造业对通信、计算机和信息服务进口的需求拉动效应随着中国科技企业竞争力提升而有所降低，这表明国内企业相关服务质量的提高可以逐步满足国内市场需求，进而摆脱对国外市场的过度依赖（张昕，2021）。

除此之外，2001～2014年，中、高技术制造业对国外金融服务中间投入需求拉动效应的年均涨幅分别为6.91%和10.30%。对比来看，高技术制造业对"金融保险服务"的需求拉动效应比中等技术制造业的更为强烈，高技术制造业对$c45$、$c29$、$c33$以及$c40$进口的需求拉动效应也普遍高于中等技术制造业（张昕，2021）。

（2）高技术制造业分部门对生产性服务进口的需求效应

国内"基础药品和医药制剂制造业（$c12$）"的发展主要拉动了对"法律和会计服务，总公司服务，管理咨询服务（$c45$）"以及"航空运输（$c33$）"服务的进口需求（见图5-23）。医疗卫生是关系国计民生的重要领域，一方面需要引进先进的法律、咨询等服务以提高医药企业的管理效率；另一方面，在医药制剂的生产过程中，进口制剂、材料设备是重要的中间投入，跨国航空运输服务不仅可以提高运输效率，更重要的是可以保证进口制剂的贮藏和运输质量（张昕，2021）。

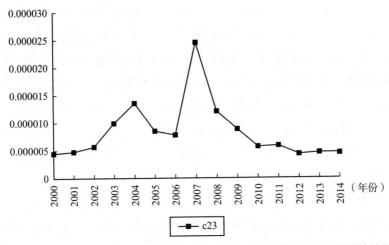

（a）2000~2014年基础药品和医药制剂制造业（$c12$）对货物相关服务进口的需求效应

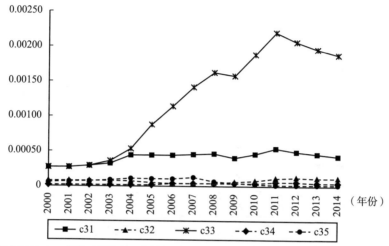

（b）2000~2014年基础药品和医药制剂制造业（c12）对运输服务各部门进口的需求效应

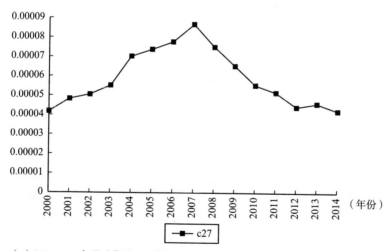

（c）2000~2014年基础药品和医药制剂制造业（c12）对建筑服务进口的需求效应

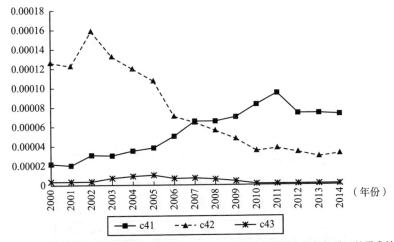

（d）2000~2014年基础药品和医药制剂制造业（c12）对金融保险服务各部门进口的需求效应

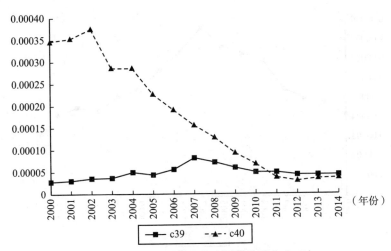

（e）2000~2014年基础药品和医药制剂制造业（c12）
对通信、计算机和信息服务各部门进口的需求效应

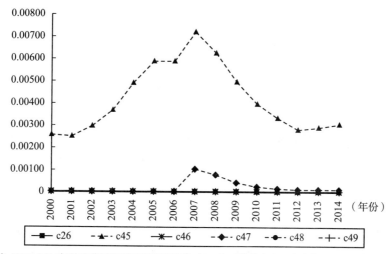

（f）2000~2014年基础药品和医药制剂制造业（c12）对其他商业服务各部门进口的需求效应

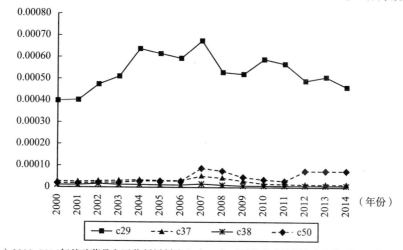

（g）2000~2014年基础药品和医药制剂制造业（c12）对其他生产性服务各部门进口的需求效应

图 5－23　基础药品和医药制剂制造业（c12）对生产性服务各部门进口的需求效应

　　"计算机、电子产品和光学产品制造业（c17）"是高技术制造业中的重要部门，该行业发展对产业升级将产生重要的推动力。不论是在生产过程中还是在产出环节，进出口电子产品零部件、光学仪器、仪表、零部件等均需要协同整合国内外优质的供应链资源，因此其对"批发贸易（汽车和摩托车除外）（c29）"和运输服务，尤其是其中的"航空运输（c33）"服务进口均产生了显著的需求拉动效应（见图 5 – 24）。c17 对"法律和会计服务、总公司服务、管理咨询服务（c45）"以及"计算机程序设计、咨询及相关服务，信息服务（c40）"的进口需求也较为强烈（张昕，2021）。不过从 2008 年和 2009 年开始，"计算机、电子产品和光学产品制造业（c17）"对这两项服务进口的需求拉动效应呈下降态势。鉴于国内外生产性服务的相互替代性，随着国内科技企业的管理能力和技术水平已有大幅提升，该制造业部门发展已逐步摆脱对国外管理咨询服务以及通信技术服务的过度依赖。2007～2012 年，c17 对"科学研究与发展服务（c47）"进口的需求拉动效应虽然显著递减，但仍然高于对除 c29、c33、c45、c40、c31 之外的其他服务进口的影响。2013 年和 2014 年该效应回升并趋于稳定。可见，技术密集程度颇高的"计算机、电子产品和光学产品制造业（c17）"对研发服务进口的需求持续（张昕，2021），因此国内应继续加大知识产权保护力度，增强科技转化效率，更好地服务国内相关科技企业，同时国内企业也需进一步开展自主研发，增加研发投入，通过知识溢出效应，加强国外研发服务对国内企业的辐射带动效应，助力国内企业研发服务进一步发展。

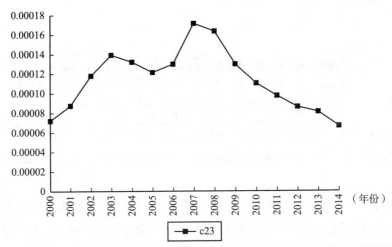

（a）2000~2014年计算机、电子产品和光学产品制造业（c17）对货物相关服务进口的需求效应

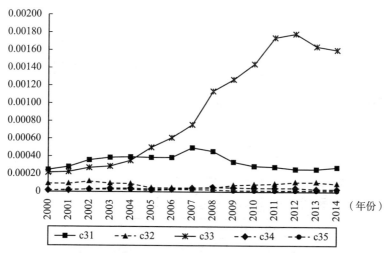

（b）2000~2014年计算机、电子产品和光学产品制造业（c17）
对运输服务各部门进口的需求效应

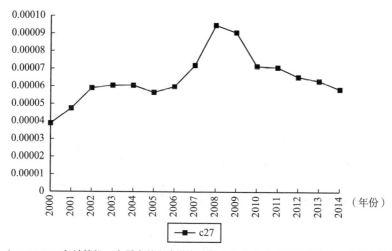

（c）2000~2014年计算机、电子产品和光学产品制造业（c17）对建筑服务进口的需求效应

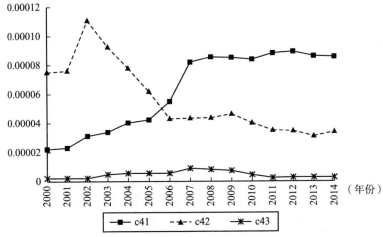

（d）2000~2014年计算机、电子产品和光学产品制造业（c17）
对金融保险服务各部门进口的需求效应

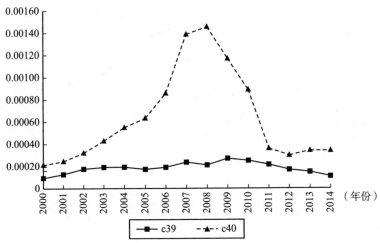

（e）2000~2014年计算机、电子产品和光学产品制造业（c17）
对通信、计算机和信息服务各部门进口的需求效应

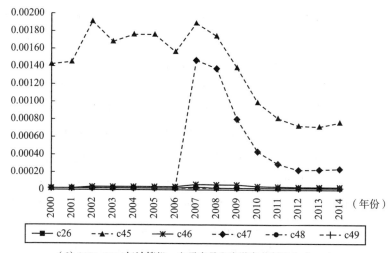

（f）2000~2014年计算机、电子产品和光学产品制造业（c17）
对其他商业服务各部门进口的需求效应

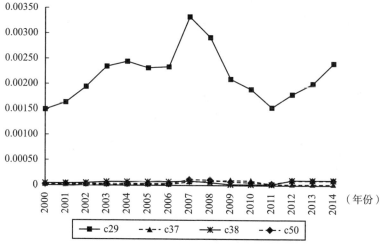

（g）2000~2014年计算机、电子产品和光学产品制造业（c17）
对其他生产性服务各部门进口的需求效应

图5-24　计算机、电子产品和光学产品制造业（c17）对生产性服务
各部门进口的需求效应

"电力设备制造业（c18）"主要包括发电设备制造业和供电设备制造业（张昕，2021）。前者主要涵盖对发电机、电站锅炉、变压器等的制造，后者主要包括对不同电压适配下的输电线路、电压传感器等的制造。随着中国工业化和信息化的深度融合，电力设备制造业的智能化转型势在必行。由图5–25可知，作为中国经济发展的重要力量，电力设备制造业不断改进企业管理方式，对国外先进的"法律和会计服务，总公司服务，管理咨询服务（c45）"具有十分强劲的需求。同时电力设备制造企业十分注重引进先进的生产工艺和高端技术，对"计算机程序设计、咨询及相关服务，信息服务（c40）"以及"科学研究与发展服务（c47）"的进口也存在较为明显的需求（张昕，2021）。但是从发展动向来看，这说明企业自身及行业内相关企业的管理运营水平、信息化水平以及研发能力逐步增强，对国内同类服务企业形成一定的竞争和挤压，但2013年开始"电力设备制造业（c18）"对此三项服务的进口拉动效应显著回升，可见这种需求仍将持续。电力设备大多具有体积大、价值高、精密度高、零部件多等特征，因此，该行业对批发服务和运输服务的进口有较大需求（张昕，2021）。

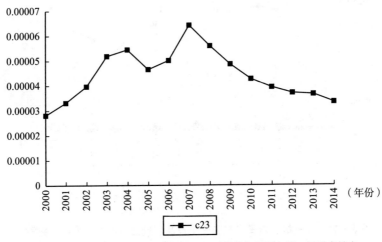

（a）2000~2014年电力设备制造业（c18）对货物相关服务进口的需求效应

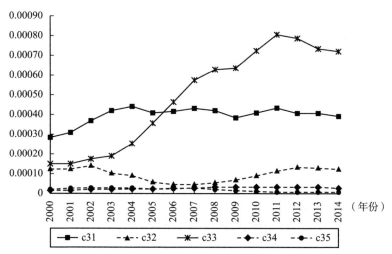

（b）2000~2014年电力设备制造业（c18）对运输服务各部门进口的需求效应

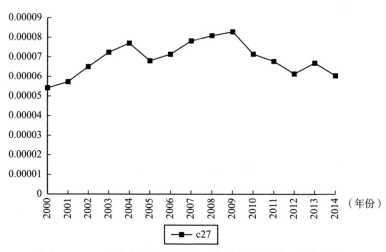

（c）2000~2014年电力设备制造业（c18）对建筑服务进口的需求效应

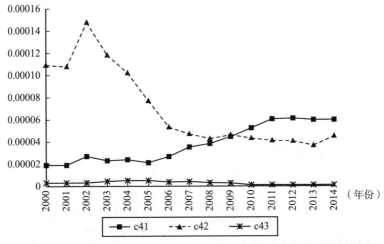

（d）2000~2014年电力设备制造业（c18）对金融保险服务各部门进口的需求效应

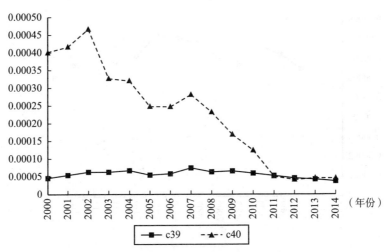

（e）2000~2014年电力设备制造业（c18）
对通信、计算机和信息服务各部门进口的需求效应

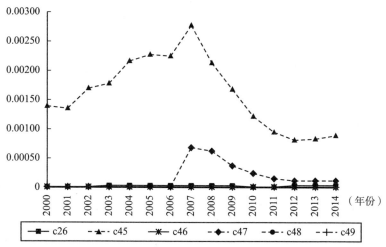

（f）2000~2014年电力设备制造业（c18）对其他商业服务各部门进口的需求效应

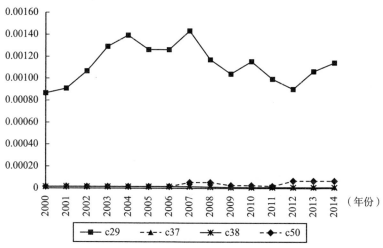

（g）2000~2014年电力设备制造业（c18）对其他生产性服务各部门进口的需求效应

图 5-25　电力设备制造业（c18）对生产性服务各部门进口的需求效应

3. 其他制造业对生产性服务进口的需求效应

其他制造业包括"纸和纸制品制造业（c8）"、"记录媒介物的印制及复制（c9）"，以及"家具制造业和其他制造业（c22）"。如图5–26所示，其他制造业对生产性服务进口的影响主要体现在对"法律和会计服务，总公司服务，管理咨询服务（c45）"、"批发贸易（汽车和摩托车除外）（c29）"，以及运输服务尤其是"陆路运输与管道运输（c31）"和"航空运输（c33）"服务进口的需求拉动效应上（张昕，2021）。

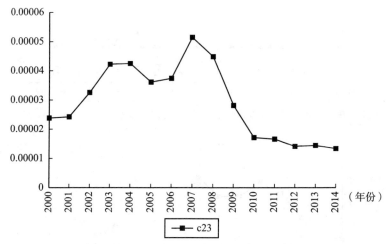

（a）2000~2014年其他制造业对货物相关服务进口的需求效应

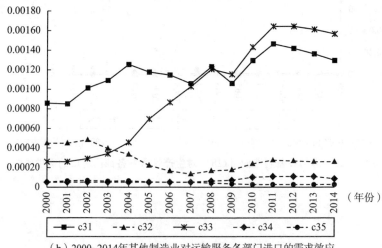

（b）2000~2014年其他制造业对运输服务各部门进口的需求效应

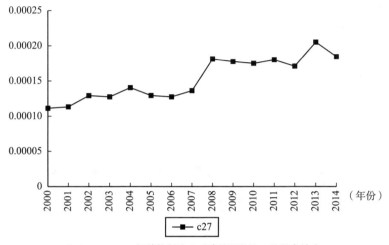

（c）2000~2014年其他制造业对建筑服务进口的需求效应

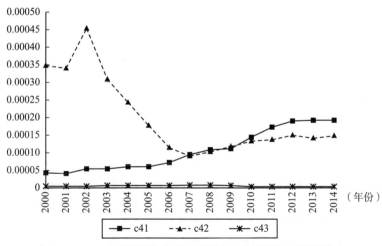

（d）2000~2014年其他制造业对金融保险服务各部门进口的需求效应

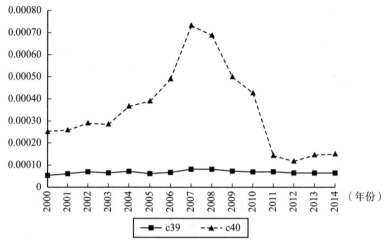

（e）2000~2014年其他制造业对通信、计算机和信息服务各部门进口的需求效应

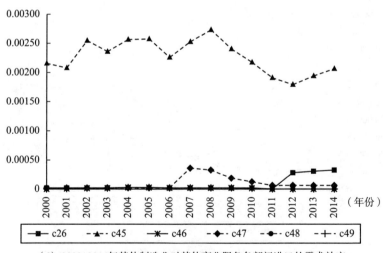

（f）2000~2014年其他制造业对其他商业服务各部门进口的需求效应

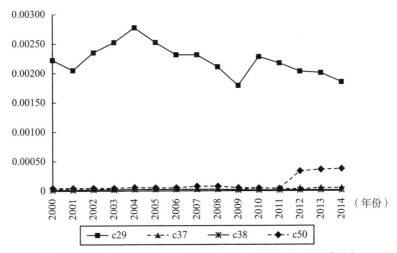

（g）2000~2014年其他制造业对其他生产性服务各部门进口的需求效应

图 5 – 26　其他制造业对生产性服务各部门进口的需求效应

2000 ~ 2014 年，其他制造业部门每增加 1 单位产出，年均带动 0.0023 单位"法律和会计服务、总公司服务、管理咨询服务（c45）"和 0.0022 单位"批发贸易（汽车和摩托车除外）（c29）"的进口（张昕，2021）。覆盖多领域、包含多部门的其他制造业对运输服务进口的需求显著增加，其中对"航空运输（c33）"服务进口的需求增长最快。2014 年其他制造业对"航空运输（c33）"服务进口的需求拉动效应分别为其对"陆路运输与管道运输（c31）"和"水上运输（c32）"服务进口需求拉动效应的 1.21 倍和 6.15 倍。因此，可适度放宽航空服务外资企业的准入条件，强化竞争，以满足相关行业对其日益增长的进口需求。

总体来看，中国制造业产出的增长可以有效拉动生产性服务进口规模的扩张，前述假说 H2 的前半部分得到验证。资源型和低技术制造业发展对传统生产性服务"批发贸易（c29）"、"陆路运输与管道运输（c31）"以及其他商业服务具有持续的需求拉动效应，而中等技术和高技术制造业发展对金融保险服务，通信、计算机和信息服务以及研发服务等的进口需求拉动效应较大，高技术制造业发展对技术密集度较高的"法律和会计服务、总公司服务、管理咨询服务（c45）"、"批发贸易（汽车和摩托车除外）（c29）"、"航空运输（c33）"以及"计算机程序设计、咨询及相关服务和信息服务（c40）"进口需求拉动效应较大。可见，相对于技术密集度较低的制造业行业，技术密集度较高的制造业行业对高技术密集的生产性服务进口需求的拉动效应更大，表明国内制造业升级可以有效促进生产性服务进口的质量提升。由此，前述假说 H2 的后半部分得到验证。

第四节 生产性服务进口与制造业出口的双向联动

由上文可知，国外生产性服务要素中间投入对制造业的产出增加具有推动效应，并助力制造业升级。与此同时，制造业发展对生产性服务进口也有一定的需求，表现为对生产性服务进口的后向拉动力。已有文献表明生产性服务进口对一国制成品出口具有一定影响力，那么这种影响力是否存在时滞性？在新时代扩大进口、提高进口质量的政策推动下，制成品出口是否对生产性服务进口存在反向拉动效应？生产性服务进口与制成品出口是否存在动态的双向因果关系？本节将围绕此类问题展开论证。

一、基准 VAR 模型

（一）指标、数据源、假设

鉴于中国生产性服务进口与制成品出口之间可能具有某些关联，且这些关联可能在给定某一冲击的情况下具有某些动态效应，又由于 VAR 模型对动态时滞问题与经济预测具有较好的解释力，因此本书将选用 VAR 模型对 GVC 背景下二者的联系进行实证研究。对此，用"IPS"表示中国生产性服务进口对国内制造业部门的中间投入，用"EM"表示中国制成品出口额，二者数据均源自 WIOD 数据库 WIOT2000 – WIOT2014。

由前文可知，生产性服务进口对制造业发展具有一定正影响，且随着国内制造业发展水平的不断提高，制成品不断嵌入全球价值链中，满足国外中间需求和最终需求。对此，本书提出假说 H7：中国生产性服务进口对制成品出口具有一定正向动态影响和规模扩张效应，前者是后者的格兰杰（Granger）原因。又由于生产性服务大多具有知识、技术、高技能劳动力密集的特征，制造业企业期望其制成品在国际市场中具有一定竞争力，对国外先进生产性服务进口的需求不断扩张，对此本书提出假说 H8：中国制成品出口是生产性服务进口的格兰杰（Granger）原因，前者对后者存在一定正影响。

（二）模型构建

为剔除变量间可能存在的异方差性，对 "IPS" 和 "EM" 分别取对数做线性化处理，继而分别用 "$LIPS$" 和 "LEM" 予以表示。首先使用 PP 检验方法分别对 $LIPS$ 和 LEM 进行单位根检验，判定各序列是否平稳。由表 5–11 可知，时间序列 $LIPS$、LEM 均在 5% 的显著性水平上平稳，因而，可对序列 $LIPS$ 和 LEM 建立 VAR 模型。

表 5–11　　　　　　　　　　　　PP 检验结果

变量	模型类型	t 统计量	P 值	1% 临界值	5% 临界值	10% 临界值	结果
$LIPS$	含常数项，不含趋势项	−3.768798	0.0153	−4.004425	−3.098896	−2.690439	平稳
LEM	含常数项，含趋势项	−4.109952	0.0302	−4.800080	−3.791172	−3.342253	平稳

如表 5–12 所示，由于 LR 准则、FPE 准则、AIC 准则、SC 准则和 HQ 准则均将滞后阶数确定为 4，故该 VAR 模型的滞后阶数为 4。

表 5 – 12   滞后阶数选择准则

滞后阶数	LogL	LR 检验	FPE 检验	AIC 准则	SC 准则	HQ 准则
0	7. 639009	NA	0. 001231	– 1. 025274	– 0. 952930	– 1. 070877
1	28. 72094	30. 66462	5. 67e – 05	– 4. 131079	– 3. 914045	– 4. 267889
2	34. 86282	6. 700237	4. 31e – 05	– 4. 520513	– 4. 158790	– 4. 748528
3	43. 80955	6. 506711	2. 41e – 05	– 5. 419918	– 4. 913505	– 5. 739140
4	92. 35552	17. 65308 *	1. 75e – 08 *	– 13. 51919 *	– 12. 86808 *	– 13. 92961 *

注：＊表示该准则选择的滞后阶数。

回归估计结果如下所示：

$$\begin{bmatrix} LIPS_t \\ LEM_t \end{bmatrix} = \begin{bmatrix} -3.97 \\ -1.14 \end{bmatrix} + \begin{bmatrix} -0.59 & 1.34 \\ -1.49 & 2.12 \end{bmatrix} \begin{bmatrix} LIPS_{t-1} \\ LEM_{t-1} \end{bmatrix}$$

$$+ \begin{bmatrix} 0.71 & -0.39 \\ 1.02 & -0.67 \end{bmatrix} \begin{bmatrix} LIPS_{t-2} \\ LEM_{t-2} \end{bmatrix} + \begin{bmatrix} \varepsilon_{1t} \\ \varepsilon_{2t} \end{bmatrix} \tag{5.1}$$

由表 5 – 13 可知，LEM_t 与 $LIPS_{t-2}$、LEM_{t-1} 分别在 5% 和 1% 的显著性水平上显著，且正相关。$LIPS_t$ 与 LEM_{t-2} 在 5% 的显著性水平上显著，且二者具有正相关性。其他部分系数不显著可能是因为同一个方程中有同样变量的多个滞后值具有多重共线性。[①]

表 5 – 13   各变量系数的 t 统计量

变量	$LIPS_t$	LEM_t
$LIPS_{t-1}$	– 0. 96380	– 2. 57755
$LIPS_{t-2}$	1. 51318	2. 28743
LEM_{t-1}	2. 48280	4. 14578
LEM_{t-2}	– 0. 75195	– 1. 38606
C	– 1. 66598	– 0. 50656

---

① 刘宏，李述晟. FDI 对我国经济增长、就业影响研究——基于 VAR 模型 [J]. 国际贸易问题，2013（04）：105 – 114.

二、模型的稳健性检验

（一）AR 根检验

由图 5 – 27 AR 根检验结果可知，被估计的 VAR 模型所有根模的倒数小于 1，即所有的单位根均位于单位圆内，该模型稳定，变量 $LIPS$ 和 LEM 之间具有长期稳定关系。

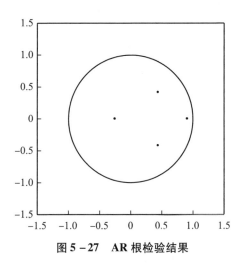

图 5 – 27　AR 根检验结果

（二）Granger 因果检验

经济系统中，可能出现一些经济变量显著相关但未必具有实际经济意义的现象，因此，通常使用 Granger 因果检验方法来验证模型中各变量之间是否具有真实的动态因果关系。

由表 5 – 14 的结果可知，生产性服务进口是制成品出口的 Granger 原因。这是因为，生产性服务进口作为重要的中间投入，对国内制造业产出增加和产业升级具有显著的促进效应。随着国内制造业发展水平和竞争力的不断提升，制成品出口规模得以实现扩张。

表 5 - 14 显示，制成品出口同样也为生产性服务进口的 Granger 原因。这表明，制造业投入服务化趋势下，制造业企业由传统的生产型制造向服务型制造转变，生产性服务投入愈加关键，因此制造业对国际先进生产性服务的需求增长，形成对生产性服务进口的后向拉动力。

表 5 - 14   Granger 因果检验结果

检验方式	原假设	χ^2 统计量	自由度	P 值
LIPS 方程	*LEM* 不能 Granger 引起 *LIPS*	6.8934	2	0.0318
LEM 方程	*LIPS* 不能 Granger 引起 *LEM*	7.1341	2	0.0282

注：表中每一方程的前两行是关于每一个其他滞后内生变量在特定显著性水平下的 χ^2 统计量，第三行为方程中所有滞后内生变量在显著性条件下的 χ^2 统计量（高铁梅，2019）。

三、脉冲响应分析

在给予生产性服务进口一个正向冲击后，采用广义脉冲方法得到制成品出口的脉冲响应函数图，即图 5 - 28。图 5 - 28 中，横轴表示冲击作用下的滞后期间数（单位为年度），纵轴表示制成品出口的响应，实线表示脉冲响应函数，代表了中国制成品出口对生产性服务进口冲击的反应，虚线表示正负两倍标准差偏离带。同理，在给予制成品出口一个正向冲击后，采用广义脉冲方法得到生产性服务进口的脉冲响应函数图，即图 5 - 29。图 5 - 29 的纵轴表示生产性服务进口的响应，实线表示生产性服务进口对制成品出口的响应函数。

由图 5 - 28 可知，当在本期给定生产性服务进口一个正冲击后，制成品出口迅速呈现正反应，且在第 1 期响应值达峰值 0.083。之后，响应值减小呈现向下的波动，并于第 2 期降至 0.017，这种效应强度持续至第 4 期，经小幅回升之后逐步趋于收敛。由此可见，中国生产性服务进口增加对制成品出口具有持续正影响力。

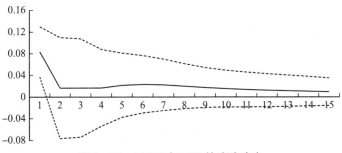

图 5 – 28　*LEM* 对 *LIPS* 的脉冲响应

图 5 – 29 显示，给定制成品出口一个正冲击后，生产性服务进口对其的响应存在一定滞后性，即第 1 期该效应值为 0。生产性服务进口对制成品出口冲击从第 2 期开始呈现显著的正响应，响应值达 0.079。第 3 期时该响应值达峰值 0.099，之后逐步回落，趋于收敛。因此可知，制成品出口对生产性服务进口也存在显著且持续的正影响。由于制造业发展对富含知识、技术、高技能劳动力等的生产性服务进口中间投入存在大量需求，伴随着制造业发展，制成品出口增加对生产性服务进口存在持续的需求，促进生产性服务进口增长，利于提高国内生产性服务供给质量，不过这种后向需求拉动效应存在一定的短期时滞。

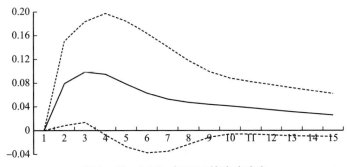

图 5 – 29　*LIPS* 对 *LEM* 的脉冲响应

四、方差分解分析

方差分解通过分析每一个结构冲击对内生变量变化（通常用方差来度量）的贡献度，进而对不同结构冲击的重要性做出评价，其给出对 VAR 模型中的变量产生影响的每个随机扰动的相对重要性的信息（高铁梅，2009）。因此，为探究中国生产性服务进口冲击对制成品出口以及制成品出口冲击对生产性服务进口分别具有多大贡献力度，本书进行方差分解分析，结果如表 5 – 15 所示。表中，预测标准误差是在给定预测水平上的变量的预测误差，该误差可能由 VAR 模型中各内生变量扰动项的当期值与未来值的变化所引起。$LIPS$ 和 LEM 列分别表示该扰动项所引起的预测方差所占的比重，每行二者相加等于100%。

表 5 – 15 方差分解

时期	生产性服务进口（$LIPS$）方差分解			制成品出口（LEM）方差分解		
	预测标准误差	$LIPS$（%）	LEM（%）	预测标准误差	$LIPS$（%）	LEM（%）
1	0.107716	100.0000	0.000000	0.107716	66.47591	33.52409
2	0.142175	68.98765	31.01235	0.142175	27.28174	72.71826
3	0.177203	49.04876	50.95124	0.177203	19.48560	80.51440
4	0.203012	39.26781	60.73219	0.203012	17.28156	82.71844
5	0.219285	35.14553	64.85447	0.219285	17.04762	82.95238
6	0.229745	33.36871	66.63129	0.229745	17.37086	82.62914
7	0.237213	32.52171	67.47829	0.237213	17.71190	82.28810
8	0.243124	31.98213	68.01787	0.243124	17.89493	82.10507
9	0.248064	31.53185	68.46815	0.248064	17.94582	82.05418
10	0.252233	31.12765	68.87235	0.252233	17.93785	82.06215
11	0.255711	30.77970	69.22030	0.255711	17.92133	82.07867

时期	生产性服务进口（LIPS）方差分解			制成品出口（LEM）方差分解		
	预测标准误差	LIPS（%）	LEM（%）	预测标准误差	LIPS（%）	LEM（%）
12	0.258570	30.49657	69.50343	0.258570	17.91418	82.08582
13	0.260901	30.27397	69.72603	0.260901	17.91620	82.08380
14	0.262802	30.10019	69.89981	0.262802	17.92221	82.07779
15	0.264359	29.96295	70.03705	0.264359	17.92823	82.07177

（一）制成品出口的方差分解分析

短期来看，据表 5-15，生产性服务进口对中国制成品出口变化的贡献力从第 1 期便开始显现，方差贡献度高达 66.48%，高于制成品自身的贡献度。之后此贡献强度逐步下降，降至第 2 期的 27.28%，并进一步降至第 5 期的 17.05%。虽然生产性服务进口对制成品出口的贡献度在短期内呈下降趋势，但依然处于五分之一左右的水平。由前文分析可知，生产性服务进口通过技术溢出效应、知识溢出效应和人力资本溢出效应，对国内制造业的发展产生一定的供给推动效应，并且有助于降低制造业的生产成本。随着制造业质量竞争力的不断提高，制成品出口规模也日益增长。

中国生产性服务进口对制成品出口的方差贡献度于第 6 期出现增加，高于上一期贡献度 0.32 个百分点，之后稳定小幅增加至第 9 期的 17.95%。在小幅回落之后又继续增加至第 15 期的 17.93%。综上，生产性服务进口对制成品出口的贡献度呈持续性增强态势，且从长期来看，基本稳定在 17% 的水平上。可见，生产性服务进口为提高中国制造业在全球价值链中的参与度，扩大制成品出口规模和出口能力提供了不竭动力。

（二）生产性服务进口的方差分解分析

据表 5-15 可知，生产性服务进口变化在第 1 期仅受自身波动的影响。短期内，制造业企业对中间生产性服务投入为其带来潜在经济效益的作用予以认可需要一个反应过程,因此制成品出口对生产性服务进口的需求也较为有限,不足以促使生产性服务进口规模迅速扩张。但从第 2 期开始这种需求引致的影响效应开始显现,方差贡献度达 31.01%,之后进一步增强。第 3 期和第 4 期的贡献度分别达 50.95% 和 60.73%。由此可见,制造业生产对富含知识、技术、高技能人力资本的国际先进生产性服务要素的需求日渐高涨。在生产性服务进口的波动中,制成品出口所产生的贡献力日益增强。伴随着中国制造业竞争力的逐步提升,满足国外中间需求和最终需求的制成品出口日益增加,其对生产性服务进口的依赖度愈益提升,对生产性服务进口的规模扩张效应也更为强化。

长期来看,中国制成品出口对生产性服务进口规模扩张的贡献度持续增加,从第 4 期到第 14 期,此贡献度一直处于(60%,70%)区间内且逐年递增。说明当制造业发展到一定程度之后,其技术管理能力、质量监督与检验能力、研发能力、市场适应能力等均日趋饱和,制成品出口对生产性服务进口的需求虽然处于较高水平之上,但也趋于平稳。第 15 期时,每进口一单位生产性服务,制成品出口需求的贡献度则高达 70.04%。可见,制造业出口发展需要源源不断的生产性服务进口供给,需要通过提高制造业整体的技术研发水平、管理现代化水平等,助力出口发展,因此这种需求持续显著。

五、实证结论

通过对中国生产性服务进口与制成品出口构建 VAR 模型可以发现,中国生产性服务进口与制成品出口存在双向因果关系,二者相互促进、相互融合,呈联动式发展。具体来看,呈现为以下两点。

第一,中国生产性服务进口对制成品出口具有持续正影响力,且这种影响效应不存在反应时滞。中国生产性服务进口中间投入对制成品出口变化的贡献度长期稳定,其为制造业出口发展提供了不竭动力。因此,前述假说 H7 得到验证。

第二,基于需求层面,中国制成品出口对生产性服务进口的影响力虽具有一定短期时滞，但正向拉动作用显著且持续增强。在生产性服务进口的波动中，制成品出口所发挥的作用不断强化，中国制成品出口对生产性服务进口的依赖性愈加凸显。因此，前述假说 H8 得到验证。

第五节　本章小结

本章首先将中国各部门中间投入区分为国内中间投入和国外中间投入，对比其与国内下游产业的关联可以发现，生产性服务业对中国经济发展的重要性愈加凸显；生产性服务进口作为一种重要的中间投入，对国内下游各部门的推动效应逐步加强。

第一，中国生产性服务进口对国内制造业的供给效应体现为以下特征：一是对比国内外生产性服务中间投入对国内下游制造业的供给效应可知，二者均有助于制造业的产业结构升级，但后者对高技术制造业的推动力更为突出，对制造业升级的积极影响更为明显。二是传统生产性服务——货物相关服务对中国制造业升级的促进作用较为有限。三是运输服务和建筑服务进口对资源型和低技术制造业产出的推动力更为突出。四是知识、技术密集程度较高的"FCB"——"金融保险服务"、"通信、计算机和信息服务"以及"其他商业服务"进口在扩大制造业产出的同时助力中国制造业向高端迈进。

第二，中国制造业对生产性服务进口的需求效应具有以下特征：一是中国制造业整体对国内外其他生产性服务、运输服务和其他商业服务均有较为明显的需求拉动效应。二是资源型制造业和低技术制造业对传统生产性服务——"批发贸易（c29）"、"陆路运输与管道运输（c31）"以及其他商业服务具有持续的需求。三是与资源型和低技术制造业相比，中等技术制造业和高技术制造业对金融服务，通信、计算机和信息服务以及研发服务等的进口需求更大。四是高技术制造业对技术密集程度更高的"法律和会计服务，总公司服务，管理咨询服务（c45）"、"批发贸易（汽车和摩托车除外）（c29）"、"航空运输（c33）"以及"计算机程序设计、咨询及相关服务，信息服务（c40)"进口的需求拉动效应比中等技术制造业对其的影响更强。

第三，中国生产性服务进口与制成品出口具有双向因果关系，二者融合共生、联动互促。一方面，中国生产性服务进口对制成品出口具有持续正影响，且这种影响效应不存在反应时滞，生产性服务进口为制造业出口提供了不竭动力。另一方面，中国制成品出口对生产性服务进口的需求效应虽具有一定短期时滞，但正向拉动作用显著且持续增强，中国制成品出口对生产性服务进口的依赖性愈加凸显。

第六章

中国制造业中间投入对生产性服务出口推动效应的实证分析

第一节　制造业中间投入对国内下游生产性服务业的推动效应

一、国内外制造业整体对下游生产性服务业的推动效应

纵观国内外制造业对生产性服务业的推动效应（见图 6 - 1 和图 6 - 2）可知，国内制造业较国外制造业而言对国内生产性服务业产出的推动效应更大，前者基本为后者所起作用的数十倍。2000～2014 年，国内制造业对下游运输服务，建筑服务，金融保险服务，通信、计算机和信息服务，其他商业服务，其他生产性服务的年均产出推动效应分别为国外制造业部门对对应生产性服务类别影响效应的 29.20 倍、30.60 倍、32.43 倍、9.06 倍、13.62 倍和 28.69 倍。

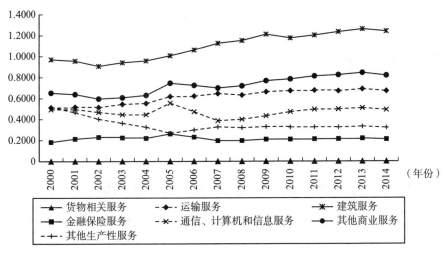

图 6 - 1　2000~2014 年中国国内制造业中间投入整体对
国内下游各类生产性服务业的推动效应

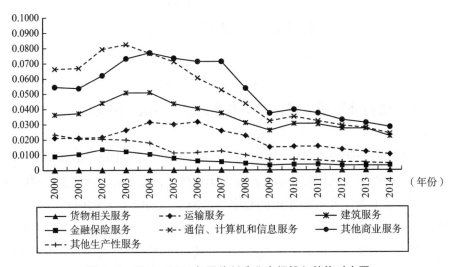

图 6 - 2　2000~2014 年国外制造业中间投入整体对中国
国内下游生产性服务业的推动效应

从动态特征来看，国内制造业对各大类生产性服务业的产出推动效应基本呈稳步略增态势，而国外制造业所起的作用则逐步缩小。由此可见，一直以来，国内制造业对生产性服务业起到了重要的支撑作用，且随着中国制造业由量到质的不断飞跃，对生产性服务业的积极影响将更为显著。

国内制造业对下游生产性服务业中建筑服务的推动效应最大，2000～2014年该效应占其对生产性服务整体推动作用的年平均比重高达31.44%。2005年以后各年，该效应值均达1以上，年均增幅达2.66%，可见国内制造业整体对建筑服务业发展起到了强有力的支撑作用。其他商业服务和运输服务则分别为第二大和第三大受国内上游制造业推动力影响的生产性服务类别，2001～2014年此二者效应值平均涨幅分别达1.78%和2.00%。由于通信、计算机和信息服务富含高技术、知识和高级人力资本要素，受市场环境影响较大，因此制造业对此类服务的影响也相对较大。2008年之后，国内制造业对通信、计算机和信息服务产出推动效应的年平均涨幅最高，达3.60%，且随着数字时代的来临，制造业将对高新技术服务业的发展提供更多投入，发挥更为显著的支撑作用。

由于金融保险服务可更多地通过电子交互实现，对场地、基础设施、物理交互的要求较低，故国内制造业对金融保险服务以及其他商业服务产出的推动效应较为有限。且随着信息网络通信技术的不断发展，远程服务、线上服务等形式在金融保险服务上运用得更为广泛，制造业对其推动力则略显一般。

然而，国外制造业中间投入对国内下游现代服务业的积极影响更为突出。2000～2014年，国外制造业中间投入对其他商业服务及通信、计算机和信息服务的推动作用占其对生产性服务整体推动作用的年平均比重高达57.83%。2000～2003年，国外制造业中间投入对通信、计算机和信息服务的推动效应最为强烈，但从2004年开始，此效应让步于对其他商业服务的影响。这也在一定程度上从侧面反映出我国制造业中间投入的结构与国外制造业相比仍存在一定差距，因此我国制造业结构升级刻不容缓。随着国内制造业的大力发展，其对国外制造业投入的替代性逐步增强，国外制造业部门对生产性服务业所带来的推动效应基本呈减弱态势。受金融危机外生冲击的影响，2009年起，各大类生产性服务受国外制造业的影响均低于0.06。可见，第四章所述路径1在金融危机甚至当前疫情对供应链、产业链冲击等所带来的GVC不稳定特殊情况之下，确实有一定的脆弱性。而一直以来，国内制造业对生产性服务业起到了重要的支撑作用，且随着中国制造业由量到质的不断飞跃，对生产性服务业的积极影响将更为显著，这也符合当前更多依托国内市场、更加依赖国内循环的"双循环"新发展格局，故上述假说 H3 得到验证。

二、国内制造业分部门对下游生产性服务业的推动效应

国内不同类型制造业对下游生产性服务业的推动作用具有结构性差异。由图 6-3 至图 6-6 可知，资源型和低技术制造业对传统生产性服务产出的推动效应较为显著，而中等技术制造业和高技术制造业对现代生产性服务业的推动作用更大。

(一) 资源型、低技术制造业对生产性服务业的推动效应

资源型制造业和低技术制造业对国内生产性服务业发展的促进作用主要体现在对传统生产性服务部门的推动效应上。2000~2014 年，资源型和低技术制造业均对建筑服务业产出具有最高的推动效应，且此效应明显呈增长态势，年平均效应值分别高达 0.4131 和 0.3543，远高于中等技术和高技术制造业的 0.1959 和 0.0974，这说明资源型和低技术制造业对建筑服务发展具有更为显著的支撑作用，为建筑服务外包提供了更为广阔的市场机会。

位列建筑服务之后，运输服务和其他商业服务分别为受资源型制造业产出推动效应影响的第二和第三大服务类别。从运输服务内部来看，资源型制造业对"航空运输（c33）"服务产出的拉动效应最大，2012 年最高达 0.4537，年均效应值为 0.3424，高于对"水上运输（c32）"服务及"运输的仓储和支持服务（c34）"的年均效应值——0.2903 和 0.2440；其对"航空运输（c33）"产出推动效应的年平均涨幅为 7.14%，同样高于对后两者（c32 和 c34）推动效应的年均涨幅——2.92% 和 3.39%。显然，资源型制造业部门的大量补给对运输服务业的发展起到了显著的支撑作用。例如橡胶制造业助力制成运输工具所必需的轮胎，草编制造业辅助制成运输设备的内饰，交通运输工具中所提供的食品、饮料等产品的质量直接关系到运输服务的质量。但 2012 年之后，资源型制造业对各项运输服务的产出推动效应呈

现显著的收缩，这也说明随着运输服务质量的逐步提升，资源型制造业的拉动力愈益有限，而原材料的科技含量和附加值的增加以及性能的优化将变得更为重要。另外，资源型制造业为"污水处理，废物的收集、处理和处置活动，材料回收，补救活动和其他废物管理服务（c26）"等提供了重要的基本材料。总体来看，资源型制造业对此类服务具有明显的推动效应。这说明技术水平越低的制造业，其服务化的产业方向则越趋于生产性服务业中知识、技术水平同样相对较低的运输服务业和建筑服务业。

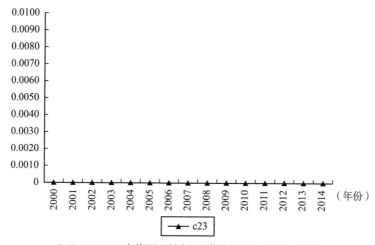

（a）2000~2014年资源型制造业对货物相关服务的推动效应

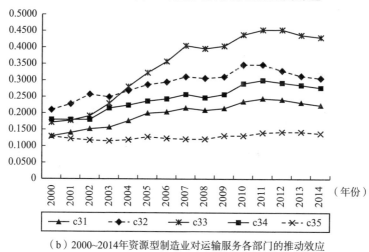

（b）2000~2014年资源型制造业对运输服务各部门的推动效应

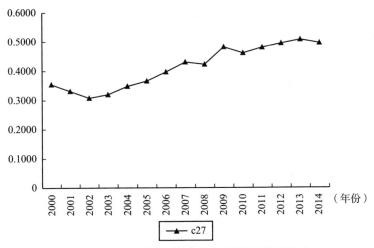

（c）2000~2014年资源型制造业对建筑服务的推动效应

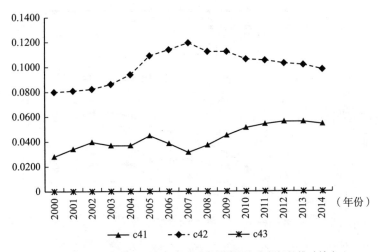

（d）2000~2014年资源型制造业对金融保险服务各部门的推动效应

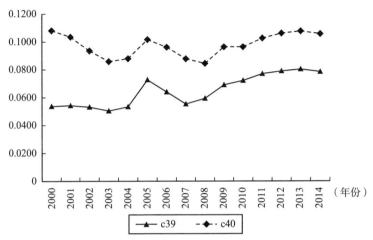

（e）2000~2014年资源型制造业对通信、计算机和信息服务各部门的推动效应

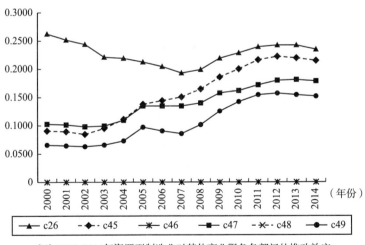

（f）2000~2014年资源型制造业对其他商业服务各部门的推动效应

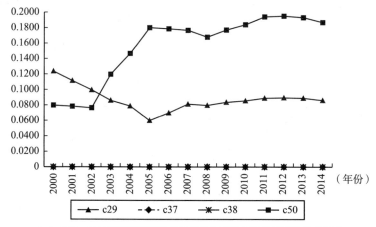

（g）2000~2014年资源型制造业对其他生产性服务各部门的推动效应

图 6 – 3　资源型制造业对国内生产性服务业各部门的推动效应

　　与资源型制造业不同，低技术制造业对其他商业服务的推动效应大于对运输服务业的影响。从受其影响（效应值非零）的细分生产性服务业来看，除建筑服务外，低技术制造业对其他各细分生产性服务部门的产出推动效应则相对较为均衡。2000 ~ 2014 年，包括建筑服务在内，低技术制造业对受其影响（效应值非零）的各细分生产性服务部门的产出推动效应年平均水平为 0.0878。

　　从低技术制造业对其他商业服务内部各部门的推动效应来看，2006 年之前，其对"污水处理，废物的收集、处理和处置活动，材料回收，补救活动和其他废物管理服务（c26）"的影响最大，之后此效应逐步走低；低技术制造业对"法律和会计服务，总公司服务，管理咨询服务（c45）"、"科学研究与发展服务（c47）"的推动效应则整体呈增长态势。从运输服务内部看，运输的"仓储和支持服务（c34）"、"航空运输（c33）"服务以及"邮政和快递服务（c35）"受低技术制造业的影响较大。每增加一单位低技术制造业中间投入，此三项服务年均产出增加 0.1259、0.1138 和 0.1003。低技术制造业对金融保险服务的作用力略为薄弱，尤其是对金融服务的影响效应常年低于 0.04。由此可知，从下游生产性服务业受影响的行业结构来看，较资源型制造业而言，低技术制造业对国内生产性服务业向价值链两端移动起到了略微的助推作用，但对金融保险服务以及通信、计算机和信息服务的支撑作用仍十分有限。

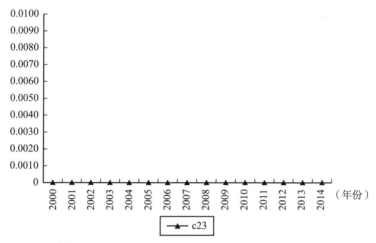

（a）2000~2014年低技术制造业对货物相关服务的推动效应

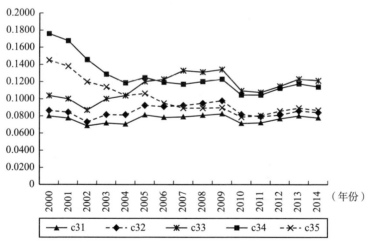

（b）2000~2014年低技术制造业对运输服务各部门的推动效应

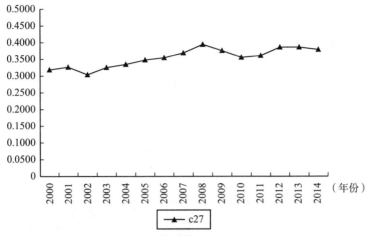

（c）2000~2014年低技术制造业对建筑服务的推动效应

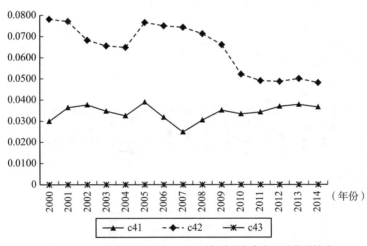

（d）2000~2014年低技术制造业对金融保险服务各部门的推动效应

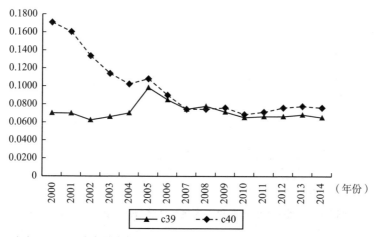

（e）2000~2014年低技术制造业对通信、计算机和信息服务各部门的推动效应

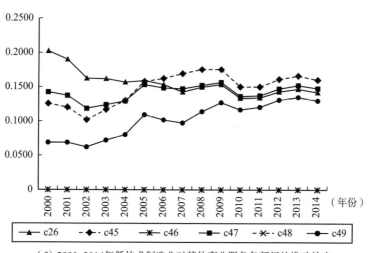

（f）2000~2014年低技术制造业对其他商业服务各部门的推动效应

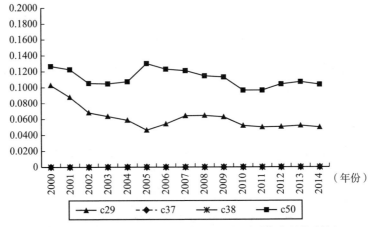

（g）2000~2014年低技术制造业对其他生产性服务各部门的推动效应

图6-4　低技术制造业对国内生产性服务业各部门的推动效应

（二）中、高技术制造业对生产性服务业的推动效应

1. 中、高技术制造业整体对生产性服务业的推动效应

生产性服务业多具有知识、技术密集的特征，因此，从理论上来说，中、高技术制造业与生产性服务业的联系理应更为紧密。

对比中等技术制造业和高技术制造业对国内生产性服务业的影响（见图6-5和图6-6），发现前者对下游运输服务业具有显著的支撑作用。2000~2014年，中等技术制造业年均每增加1单位中间投入，分别推动下游运输服务和其他商业服务增加1.0285单位和0.7163单位产出。中等技术制造业中的化学品及化工制品为运输设备提供原料，机械设备及其他运输设备为运输服务提供硬件基础，汽车、拖车和半拖车等提高了运输服务效率和服务质量。中等技术制造业中间投入对运输服务和其他商业服务内部各部门的产出推动效应基本呈上扬态势，可见其对此两项服务长期具有稳固的支撑作用。

与资源型制造业和低技术制造业相比，中等技术制造业对金融保险服务以及通信、计算机和信息服务的支撑作用明显增强。2000~2014年，此三种制造业每增加1单位中间投入，年均分别带动上述两项服务合计增加

0.2405 单位、0.2680 单位和 0.3455 单位产出。可见中等技术制造业投入对生产性服务业提升知识技术密集度具有一定的促进作用。然而与高技术制造业相比，这种支撑力便显得较为有限。1 单位高技术制造业中间投入年均带动金融保险及通信、计算机和信息服务总产出增加 0.4909，显著高于前三类制造业的影响。进一步可知，高技术制造业对金融保险及通信、计算机和信息服务二者的综合影响力主要体现在对通信、计算机和信息服务的支撑力上。

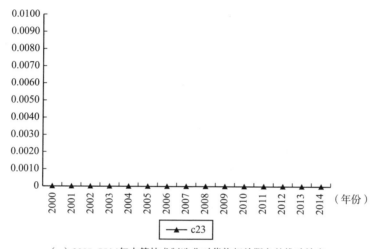

（a）2000~2014年中等技术制造业对货物相关服务的推动效应

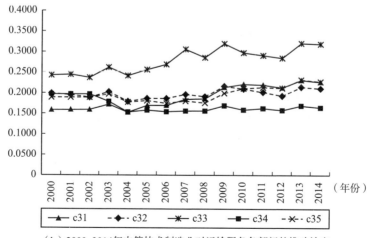

（b）2000~2014年中等技术制造业对运输服务各部门的推动效应

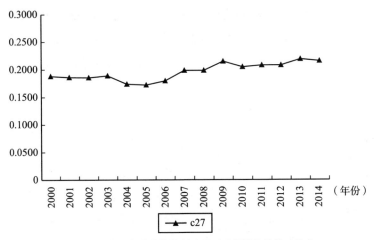

（c）2000~2014年中等技术制造业对建筑服务的推动效应

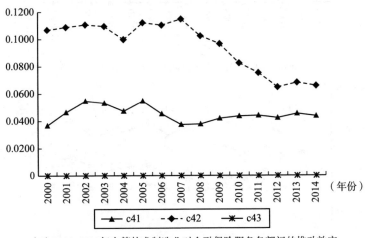

（d）2000~2014年中等技术制造业对金融保险服务各部门的推动效应

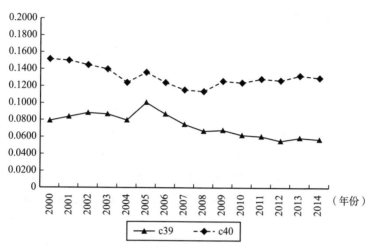

（e）2000~2014年中等技术制造业对通信、计算机和信息服务各部门的推动效应

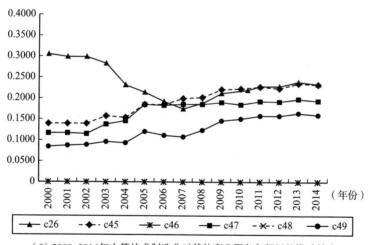

（f）2000~2014年中等技术制造业对其他商业服务各部门的推动效应

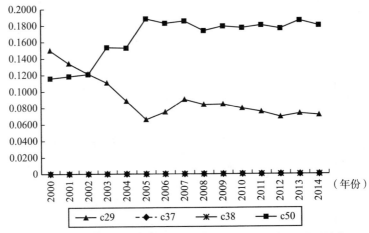

（g）2000~2014年中等技术制造业对其他生产性服务各部门的推动效应

图 6 – 5　中等技术制造业对国内生产性服务业各部门的推动效应

高技术制造业为通信、计算机和信息服务以及其他商业服务提供了最为坚实的产业基础（见图 6 – 6），这种支撑力愈加稳固且不断走强。高技术制造业对"计算机程序设计、咨询及相关服务，信息服务（c40）"的支撑力最强，2014 年此效应值达 0.2720，略高于对"通信业（c39）"的带动效应——0.1766，远高于对其他细分生产性服务部门的影响。

新时代下，研发、技术、管理创新愈加重要。从其他商业服务内部来看，高技术制造业为"其他专业、科学和技术服务，兽医服务（c49）"、"科学研究与发展服务（c47）"以及"法律和会计服务，总公司服务，管理咨询服务（c45）"提供了坚实的设备基础，对此三项服务的推动效应愈益增强。其中，高技术制造业对"其他专业、科学和技术服务，兽医服务（c49）"的产出推动效应最强，该效应值年均增幅高达 11.07%。

高技术制造业虽然对运输服务和建筑服务业发展的推动作用较为有限，但此作用基本呈增强态势。高端制造使运输服务和建筑服务的基础设备条件显著提升，技术含量增加，有助于提高服务的智能化水平。例如，RFID 射频识别设备通过无线电讯号读写数据，可被用于运输设备上以实现对物流服务的全效监控，提升了货物运输的安全性、有效性以及信息的完备性，对整个供应链来讲，有助于从第一、第二方物流向第三、第四方系统化、协同性物流模式演进。又如，在路桥建筑工程中，大吨位桥梁重量大、桥体长，若期望在施工过程中不影响周边铁路道路的正常通行，则作业难度较大。而高技术精密仪器仪表的制造对定点投放、桥梁转体创造了有利的条件，对建筑服务的安全、精准、高效起到了重要的保障作用。

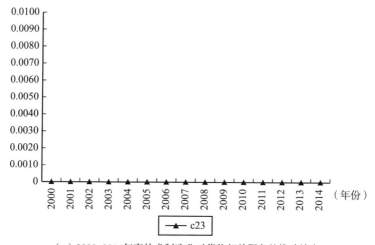

（a）2000~2014年高技术制造业对货物相关服务的推动效应

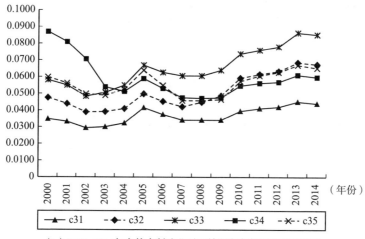

（b）2000~2014年高技术制造业对运输服务各部门的推动效应

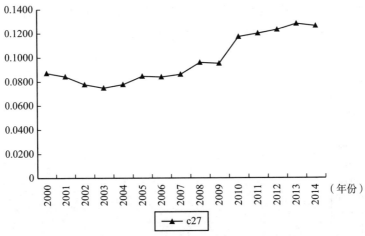

（c）2000~2014年高技术制造业对建筑服务的推动效应

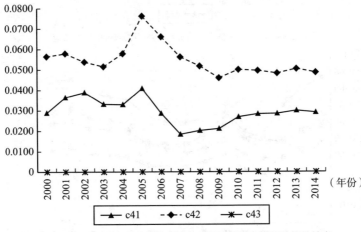

（d）2000~2014年高技术制造业对金融保险服务各部门的推动效应

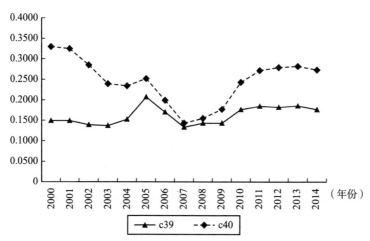

（e）2000~2014年高技术制造业对通信、计算机和信息服务各部门的推动效应

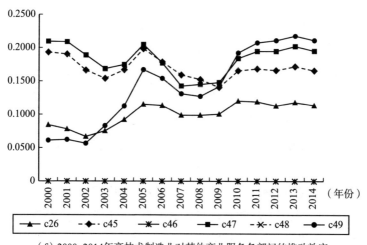

（f）2000~2014年高技术制造业对其他商业服务各部门的推动效应

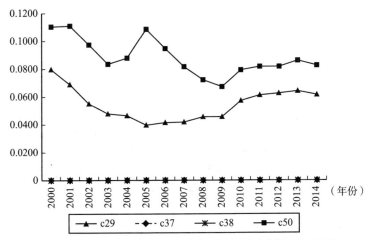

（g）2000~2014年高技术制造业对其他生产性服务各部门的推动效应

图 6 - 6 高技术制造业对国内生产性服务业各部门的推动效应

2. 高技术制造业分部门对生产性服务业的推动效应

在探究中、高技术制造业整体与生产性服务业关联的基础之上，进一步分析高技术制造业中的关键领域对各生产性服务业的推动效应，对于明晰产出服务化的重点方向以进一步提高制造业服务化水平十分必要。由于"基础药品和医药制剂制造业（$c12$）"对生产性服务业发展的带动作用长期不足高技术制造业整体对生产性服务业推动效应的十分之一，且其制成品适用范围较为有限，故这里仅讨论"计算机、电子产品和光学产品制造业（$c17$）"以及"电力设备制造业（$c18$）"对国内下游生产性服务各部门的推动效应。

随着数字时代的到来，计算机等高新技术的应用愈加广泛。由图 6 - 7 可知，"计算机、电子产品和光学产品制造业（$c17$）"当然对与之密切相关的"计算机程序设计、咨询及相关服务，信息服务（$c40$）"发展具有最为显著的推动作用。2007 年该效应触底，为 0.0989。金融危机过后，此效应明显反弹回升，于 2014 年达 0.2135，即"计算机、电子产品和光学产品制造业（$c17$）"中间投入每增加一单位，便会引起"计算机程序设计、咨询及相关服务，信息服务（$c40$）"的产出增加 0.2135 单位。

　　除此之外，计算机整机、零部件、外围设备、电子器件、半导体元件、光学玻璃、光学仪器等制成品均为"其他专业、科学和技术服务，兽医服务（c49）"、"科学研究与发展服务（c47）"以及"通信业（c39）"发展必不可少的元素，同时也是开展"法律和会计服务，总公司服务，管理咨询服务（c45）"等的必需配置，对此类生产性服务部门长期具有显著的产出推动效应，且这种影响力持续走高。

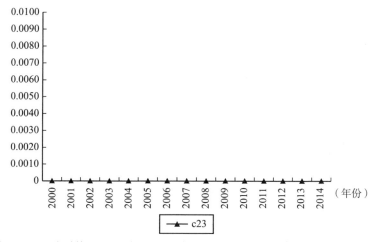

（a）2000~2014年计算机、电子产品和光学产品制造业（c17）对货物相关服务的推动效应

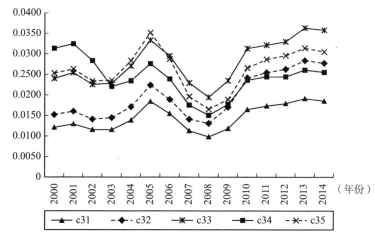

（b）2000~2014年计算机、电子产品和光学产品制造业（c17）对运输服务各部门的推动效应

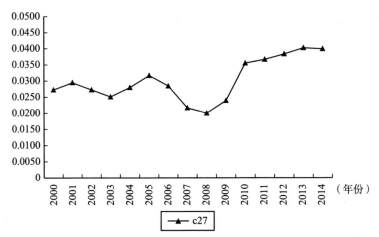

（c）2000~2014年计算机、电子产品和光学产品制造业（c17）对建筑服务的推动效应

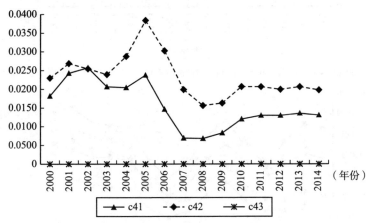

（d）2000~2014年计算机、电子产品和光学产品制造业（c17）
对金融保险服务各部门的推动效应

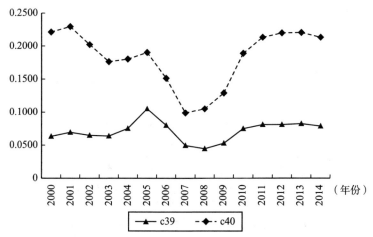

（e）2000~2014年计算机、电子产品和光学产品制造业（c17）
对通信、计算机和信息服务各部门的推动效应

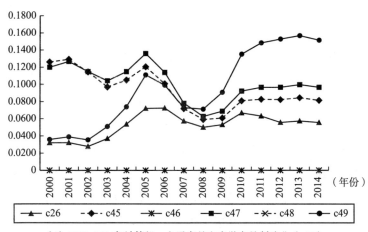

（f）2000~2014年计算机、电子产品和光学产品制造业（c17）
对其他商业服务各部门的推动效应

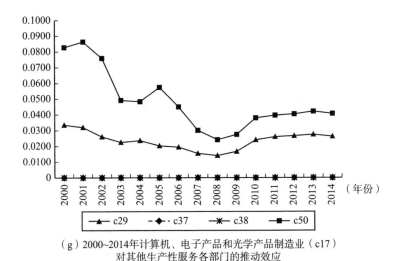

（g）2000~2014年计算机、电子产品和光学产品制造业（c17）
对其他生产性服务各部门的推动效应

图6－7　计算机、电子产品和光学产品制造业（c17）
对国内生产性服务业各部门的推动效应

电力设备主要包括发电设备和供电设备两大类。生产性服务业各部门的正常开展需要众多电力通信设备、物联网络、智能设备和电子产品等，而使用这些设备和产品均离不开电力设备的有力支撑。图6－8显示，"电力设备制造业（c18）"对"通信业（c39）"、"科学研究与发展服务（c47）"以及"法律和会计服务，总公司服务，管理咨询服务（c45）"发展的支撑作用最强且效应强度持续走高。2014年电力设备制造业对以上三种服务业的推动效应分别达0.0923、0.0847和0.0732。

建筑服务和运输服务的顺利开展当然也需要电力设备制造业的强力支撑。前者受电力设备制造业的影响力较为显著且这种影响力日益增强，年均效应值达0.0571，2014年该值达0.0731，成为受电力设备制造业影响的第四大生产性服务细分行业。电力设备对各项运输服务业发展助推效应较为均衡，其中对"航空运输（c33）"服务的影响则相对稍强。

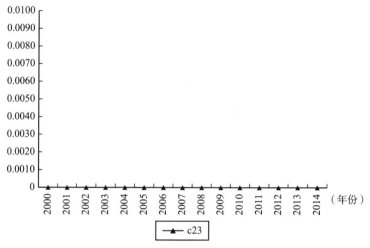

（a）2000~2014年电力设备制造业（c18）对货物相关服务的推动效应

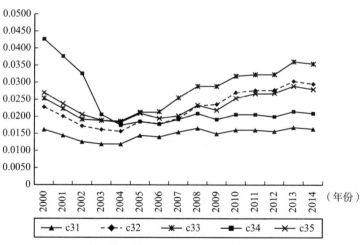

（b）2000~2014年电力设备制造业（c18）对运输服务各部门的推动效应

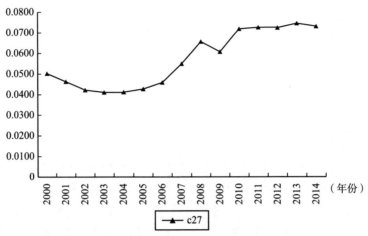

（c）2000~2014年电力设备制造业（c18）对建筑服务的推动效应

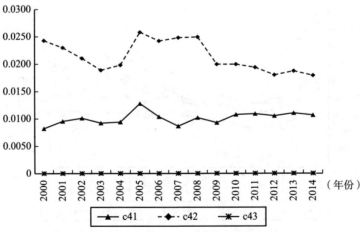

（d）2000~2014年电力设备制造业（c18）对金融保险服务各部门的推动效应

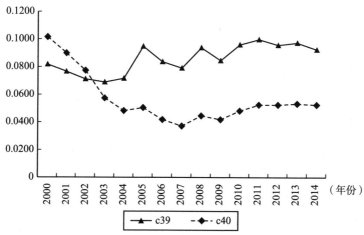

（e）2000~2014年电力设备制造业（c18）
对通信、计算机和信息服务各部门的推动效应

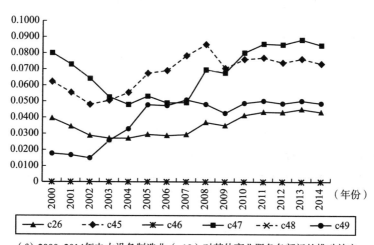

（f）2000~2014年电力设备制造业（c18）对其他商业服务各部门的推动效应

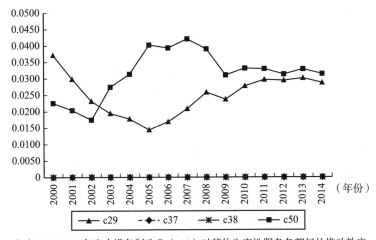

（g）2000~2014年电力设备制造业（c18）对其他生产性服务各部门的推动效应

图 6 – 8　电力设备制造业（c18）对国内生产性服务业各部门的推动效应

（三）其他制造业对生产性服务业的推动效应

其他制造业对生产性服务业的推动效应主要体现在对"计算机程序设计、咨询及相关服务，信息服务（c40）"、"法律和会计服务，总公司服务，管理咨询服务（c45）"、"邮政和快递服务（c35）"以及"除强制性社会保障之外的保险、再保险和养恤基金（c42）"的长期影响上（见图 6 – 9）。2000～2014 年，其他制造业对此三项服务产出的推动效应年均值分别为 0. 1297、0. 1295、0. 0887 和 0. 0830，分别为其他制造业对下游生产性服务整体产出推动总效应的 15. 68%、15. 66%、10. 72% 和 10. 03%。

2000～2002 年，其他制造业对传统生产性服务业——"邮政和快递服务（c35）"以及"行政和辅助服务（c50）"的产出推动效应逐年增强，但之后这种效应显著下降，逐渐让步于对现代服务业态的支撑力上。

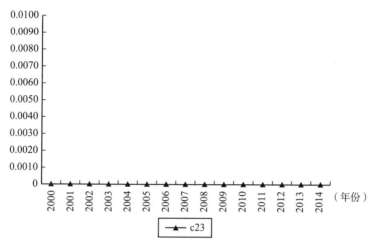

（a）2000~2014年其他制造业对货物相关服务的推动效应

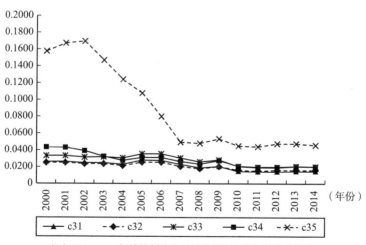

（b）2000~2014年其他制造业对运输服务各部门的推动效应

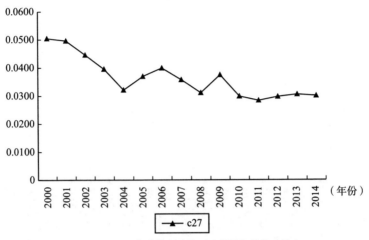

（c）2000~2014年其他制造业对建筑服务的推动效应

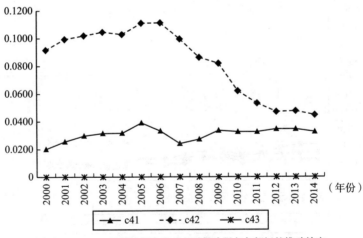

（d）2000~2014年其他制造业对金融保险服务各部门的推动效应

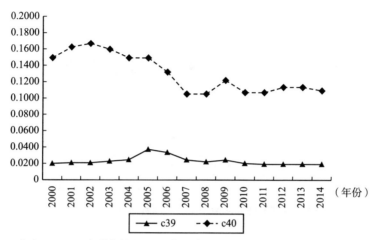

（e）2000~2014年其他制造业对通信、计算机和信息服务各部门的推动效应

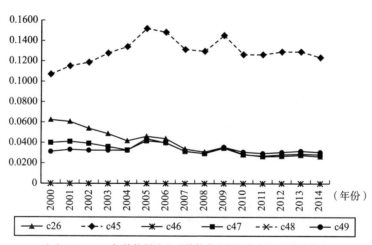

（f）2000~2014年其他制造业对其他商业服务各部门的推动效应

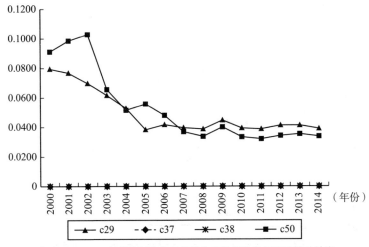

（g）2000~2014年其他制造业对其他生产性服务各部门的推动效应

图 6 - 9　其他制造业对国内生产性服务业各部门的推动效应

综上可知，较国外制造业而言，国内制造业中间投入对下游生产性服务业的产出推动效应更大，但不同类型制造业对下游生产性服务业的推动作用存在结构性差异。资源型和低技术制造业产出服务化的产业方向更趋近于生产性服务业中知识、技术水平同样较低的运输服务业和建筑服务业上。中等技术制造业除对下游运输服务业具有显著支撑之外，对金融保险服务以及通信、计算机和信息服务产出的推动作用也较强。高技术制造业为通信、计算机和信息服务以及其他商业服务业提供了坚实的产业基础。自此，前述第四章假说 H4 得到验证。

第二节　制造业中间投入对生产性服务出口的推动效应

根据前文的分析，国内制造业中间投入对国内生产性服务业的产出具有一定的正向推动效应，那么制造业中间投入是否会对生产性服务出口产生一定的促进作用？本书分别将制造业和生产性服务出口分行业做细分处理之后，制造业各部门分别对作为中间品参与全球价值链的生产性服务出口存在何种影响？其中，中等技术制造业和高技术制造业对生产性服务出口的影响是否相同？鉴于传统贸易统计方法的局限，现有文献能解释以上问题的相关研究较少，而基于生产性服务业脱胎于制造业的起源本质，本节使用世界投入产出表 WIOT2000 ~ WIOT2014 的数据，在前文非竞争型投入产出模型的基础上，对行业做分类，构建面板模型对上述问题进行分析。

一、基础模型的变量选择与构建

本节将核心解释变量——中国制造业对生产性服务业中间投入记为 $input$。由于生产性服务业具有中间品的属性，其作为一种中间投入要素参与生产过程，而非满足最终消费需求，故仅将满足国外中间需求的生产性服务行业对应的出口归为生产性服务出口，记作 exp_int，满足国外最终需求的出口部分不纳入生产性服务出口的范畴。以上两种变量的数据均来自世界投入产出表 WIOT2000 ~ WIOT2014。

由前文文献综述和理论部分的分析可知，在制造业内、外部服务化下，生产性服务出口可能与制成品出口形成一定互补性或替代性，故应考虑制成品出口对生产性服务出口的影响，将其作为控制变量加入模型中。参与全球价值链的出口制成品可能满足国外中间需求参与生产制造，也可能满足其最终需求进入消费者市场，故将其作为中间品和最终品的出口制成品做划分，分别记作 exp_mint 和 exp_mfin。

由于生产性服务业具有技术、知识、高素质人力资本密集的特征，故需选取分别反映技术、知识、受教育水平的变量。借鉴现有许多文献的做法，本书将"全国研究与试验发展（R&D）经费支出与国内生产总值之比"作为反映中国技术发展水平的指标，记作 rd；用"全国三种专利（发明、实用新型、外观设计）授权数"表示知识溢出效应，记作 $patent$；用"大学以上人数占比"表示受教育程度，反映高技能劳动力水平，记作 edu。此三个变量的数据源均为国家统计局发布的历年统计年鉴。

为克服异方差性问题，首先对原始数据 $input$、exp_int、exp_mint、exp_mfin、rd、$patent$、edu 取对数，分别记作 $\text{ln}input$、$\text{ln}exp\_int$、$\text{ln}exp\_mint$、 lnexp_mfin、lnrd、lnpatent 和 lnedu，并对它们做相关性检验之后发现，第一，lnexp_int、lnexp_ mint、lnexp_mfin、lnrd、lnpatent 和 lnedu 均与 lnexp_int 存在显著正相关性。第二，变量 lnrd、lnpatent、lnedu 高度相关，三者之间相关系数均值高于 0.97。随着知识溢出效应的积聚和高级人力资本的不断积累，技术创新的活力与日俱增。随着数字时代的来临，科学技术对经济社会发展的重要性愈加凸显。鉴于三者之间的强相关性，故可将知识与人力资本变量 lnpatent 和 lnedu 予以剔除，保留重要变量 lnrd（见表 6 - 1）。

观察描述性统计结果发现，样本数据波动幅度不大，不存在异常值，所以不需要进行缩尾处理。

表 6 - 1　　　　　　　　　　模型变量的描述性统计

变量	变量含义	均值	标准差	最大值	最小值	P25	P50	P75
lnexp_int	作为中间品的生产性服务出口	8.938	1.717	11.563	4.181	7.799	9.218	10.436
lninput	制造业对生产性服务业中间投入	8.885	1.656	13.520	5.279	7.667	8.716	9.961
lnexp_mint	作为中间品的制成品出口	10.795	1.171	12.751	8.214	9.946	10.920	11.791
lnexp_mfin	作为最终品的制成品出口	11.195	1.013	13.033	9.237	10.620	11.109	12.140
lnrd	全国研究与试验发展（R&D）经费支出与国内生产总值之比	0.341	0.258	0.704	-0.113	0.114	0.317	0.574

构建基础回归方程如下：

$$\ln exp\_int_j = \beta_0 + \beta_1 \ln input_{ij} + X_{ij} + \mu_i + \upsilon_j + \varepsilon_{ij} \tag{6.1}$$

被解释变量 $\ln exp\_int_j$ 表示作为中间品的生产性服务 j 的出口。解释变量中，$\ln input_{ij}$ 表示制造业部门 i 对生产性服务部门 j 的中间投入，X_{ij} 表示其他控制变量，包括作为中间品和最终品的制成品出口——lnexp_mint 和 lnexp_

$mfin$，以及反映科技发展水平的变量 $lnrd$。μ_i 和 υ_j 则分别表示制造业中间投入部门 i 和生产性服务业出口部门 j 的固定效应。ε_{ij} 表示误差项，各解释变量前的 β 值表示其各自的回归系数。

二、实证结果分析与稳健性检验

（一）基础模型——制造业中间投入对下游作为中间品的生产性服务出口的影响

首先分别控制面板数据个体固定效应和随机效应，随后经 Hausman 检验选择随机效应模型。使用随机效应和两步聚类法得到模型（1）和模型（2），二者回归结果如表 6 - 2 所示。由表 6 - 2 可知，制造业中间投入对于作为中间品的生产性服务出口具有十分显著的正向影响；制造业中间品出口和最终品出口均对生产性服务出口产生一定正向影响力，只不过这种影响力不够明显。

在控制面板数据个体随机效应的条件下，生产性服务业每增加 1% 的制造业中间投入，生产性服务出口增加 0.343%，这表明国内产业分工下，制造业产出服务化对生产性服务业出口起到了显著的支撑作用。随着制造业企业服务部门经营经验的逐步积累和产业分工的日臻细化、制造业产出服务化效应的逐步增强，不论是由企业内部供给还是外部市场供应，生产性服务的质量水平均日益提升，其中所蕴含的技术也日趋成熟。生产性服务要素通过出口逐步嵌入全球价值链中，以国际服务链接的形式联结分散化生产区块。制造业内、外部服务化趋势下，制造业企业自行提供与其制成品呈互补或替代效应的生产性服务，并增加生产性服务的出口；或由外部生产性服务企业提供专业化服务，以产业间分工助推生产性服务业发展，继而带动生产性服务出口。因此从长期来看，制造业所提供的支撑力提高中国生产性服务业在全球价值链中的参与度，满足国外越来越多的中间需求。

由表 6 - 2 可知，制造业中间品和最终品的出口虽然与生产性服务出口的正相关性不显著，但依然存在这种正向影响力，而且作为中间投入的制造业中间品出口对生产性服务出口的影响大于制造业最终品出口对生产性服务出口的影响。这进一步体现了货物贸易与服务贸易的关联，并且说明，从总体上看，制成品出口与生产性服务出口存在一定互补性，可通过货物贸易的显著竞争优势带动生产性服务出口能力提升。从细分结构来看，制造业内、外部服务化下，满足国外中间需求的制成品出口与同样满足国外生产中间需求的生产性服务出口具有更强的互补性。故此体现出制造业在全球价值链中的参与度有利于推动国内生产性服务要素嵌入全球价值链体系。除此之外，国内技术水平提升对生产性服务出口也具有一定的正影响。

表 6 – 2   制造业中间投入对下游作为中间品的生产性服务出口影响的回归结果

解释变量	被解释变量：$lnexp\_int$	
	模型（1）	模型（2）
$lninput$	0. 343 *** (7. 93)	0. 264 *** (7. 28)
$lnexp\_mint$	0. 305 (0. 54)	0. 337 (0. 41)
$lnexp\_mfin$	0. 172 (0. 38)	0. 113 (0. 17)
$lnrd$	1. 352 (1. 38)	1. 507 (1. 05)
常数项	0. 210 (0. 07)	1. 394 (0. 33)
观测值	450	450
Wald 值	273. 15	143. 61
Hausman 值	0. 9781	—

注：括号内为 t 值；* 表示 $p < 0.1$，** 表示 $p < 0.05$，*** 表示 $p < 0.01$。

进一步对模型进行多重共线性检验，由表 6 – 3 可知，基础模型的方差膨胀因子 VIF 值介于（0，10）之间，可见模型不存在多重共线性。

表 6 – 3   VIF 检验结果

变量	VIF	1/VIF
lnexp_mfin	4.92	0.203216
lnexp_mint	4.82	0.207502
lnrd	2.15	0.464457
ln$input$	1.23	0.814458
Mean VIF	3.28	

（二）基础模型的内生性分析

首先，由国内外现有研究成果可知，大多数模型都具有内生性。其次，由于未能找到影响生产性服务出口的全部解释变量，因此可能因为遗漏变量的问题，存在内生性。再次，基于理论机制分析可知，生产性服务业脱胎于制造业母体，生产性服务业与制造业相互融合。生产性服务业为制造业引进技术、知识、人力资本，同时基于降低生产交易成本、提高生产能力、技术水平、管理水平等的需要，制造业对生产性服务要素也存在需求。货物贸易与服务贸易的协调发展成为当今国际贸易发展的重要议题。在制造业服务化背景下，制成品出口与生产性服务出口存在一定的互补性和替代性，二者互为因果，相互影响。因此，本模型的内生性存在，且由于二者产业间的关联特性，内生性问题无法消除。

（三）稳健性检验

为避免回归结果的偶然性，需做检验以保证实证结论的稳健性。稳健性检验的一个常用方法是对变量做相应变更，再将对照组结果与实验组基准模型的实证结果进行对比，分析二者之间是否存在差异。

1. 稳健性检验1——产出推动效应下制造业中间投入对作为中间品的生产性服务出口的影响

将解释变量 ln$input$ 由"国内制造业对下游生产性服务业的中间投入"替换为"国内制造业对下游生产性服务部门中间投入的里昂惕夫逆矩阵系

数",即"国内生产性服务业对上游制造业部门的完全消耗系数"。分别使用随机效应和两步聚类得到模型（3）和模型（4），实证结果如表6-4所示。

表6-4　　　　　产出推动效应下制造业中间投入对下游作为中间品的
生产性服务出口影响的回归结果

解释变量	被解释变量：ln*exp_int*	
	模型（3）	模型（4）
ln*input*	0.643 *** (5.97)	0.563 *** (6.52)
ln*exp_mint*	0.480 (0.83)	0.447 (0.51)
ln*exp_mfin*	0.024 (0.05)	0.019 (0.03)
ln*rd*	2.016 ** (2.00)	2.003 (1.30)
常数项	4.146 (1.39)	4.688 (1.03)
观测值	450	450
Wald 值	234.55	119.72
Hausman 值	0.9464	—

注：括号内为 t 值；* 表示 $p < 0.1$，** 表示 $p < 0.05$，*** 表示 $p < 0.01$。

表6-4结果显示，制造业中间投入对下游生产性服务出口具有显著的正向影响。在控制面板随机效应的前提下，制造业中间投入每变动1%，作为中间品的生产性服务出口随之变动0.643%。制造业中间品出口和最终品出口均对生产性服务出口存在正影响，但是影响力不够显著。二者每变动1%，生产性服务出口便随之变动0.480%和0.024%。科技发展水平对生产性服务出口具有显著的促进作用。由此可见，对照组与实验组所反映的结果

基本一致，即制造业中间投入对生产性服务出口具有显著正影响，因而实验组基础模型具有一定的稳健性。

2. 稳健性检验2——将制成品出口整体作为控制变量后，制造业中间投入对下游作为中间品的生产性服务出口的影响

由基础模型和稳健性检验1的实证结果可知，当把制造业中间品出口和最终品出口作为控制变量时，二者均对生产性服务出口具有一定的正影响，不过此影响力不显著。若将制成品出口作为整体，不对其作中间品和最终品的划分，那么其是否对生产性服务出口具有一定影响？且最为关键的是，其是否会影响核心解释变量——制造业中间投入对生产性服务出口影响的实证结果？本书分别使用随机效应和两步聚类得到模型（5）和模型（6），实证结果如表6－5所示。

据表6－5可知，制造业中间投入对下游生产性服务出口具有显著的正向影响。在控制面板随机效应的前提下，制造业中间投入每变动1%，作为中间品的生产性服务出口随之变动0.343%，此数值与基础模型中的一致。制成品出口整体与生产性服务出口具有一定正影响，二者存在一定互补性，不过此影响不显著。且科技发展水平对生产性服务出口在10%的显著性水平上存在正影响。由此可见，基础模型具有稳健性。至此，前述假说H5得到验证。

表6－5　将制成品出口整体作为控制变量　制造业中间投入对下游作为
中间品的生产性服务出口影响的回归结果

解释变量	被解释变量：$lnexp\_int$	
	模型（5）	模型（6）
$lninput$	0.343 ***	0.264 ***
	(7.96)	(7.30)
$lnexp\_m$	0.437	0.402
	(1.62)	(1.02)

续表

解释变量	被解释变量：lnexp_int	
	模型（5）	模型（6）
ln*rd*	1.513 * （1.85）	1.706 （1.44）
常数项	0.290 （0.10）	1.584 （0.39）
观测值	450	450
Wald 值	273.50	143.74
Hausman 值	0.9533	—

注：①括号内为 t 值；＊表示 p＜0.1，＊＊表示 p＜0.05，＊＊＊表示 p＜0.01。

②制成品出口整体记作"*exp_m*"。

3. 稳健性检验3——不同类别制造业中间投入对作为中间品的生产性服务出口的影响

由上可知，制造业中间投入整体对生产性服务出口具有正影响力。在此基础上，将制造业整体做行业细分之后，便可发现中国不同类型制造业对生产性服务出口是否存在影响以及制造业在某些方面的结构发展特征。模型（7）至模型（11）分别反映资源型制造业、低技术制造业、中等技术制造业、高技术制造业和其他制造业中间投入对生产性服务出口的影响，如表6-6所示。

由表6-6可知，各类型制造业均对生产性服务出口具有显著正影响，但其间存在一定差别。除低技术制造业对生产性服务出口在5%的显著性水平上具有显著正影响之外，其他类型制造业对生产性服务出口均在1%的显著性水平上具有显著的促进作用。从影响力大小来看，中等技术制造业对中国生产性服务出口的促进作用最为强烈，其次是资源型制造业。可见中国制造业对生产性服务业的支撑力主要由中等技术制造业和资源型制造业发挥作用。由前文可知，中国制造业升级迫在眉睫，高技术制造业企业的创新能力仍有待增强，因此，其对生产性服务出口的支撑力亦有待加强。

表 6 - 6　　　　　不同类型制造业中间投入对作为中间品的
生产性服务出口影响的回归结果

解释变量	被解释变量：lnexp_int				
	模型（7）	模型（8）	模型（9）	模型（10）	模型（11）
ln$input$	0.342 ***	0.191 **	0.677 ***	0.284 ***	0.544 ***
	(4.61)	(2.27)	(6.49)	(2.75)	(2.83)
lnexp_mint	0.261	- 0.507	0.035	1.015	- 0.078
	(0.06)	(- 0.23)	(0.02)	(0.39)	(- 0.07)
lnexp_mfin	0.755	1.504	0.448	- 0.299	0.483
	(0.13)	(0.47)	(0.30)	(- 0.14)	(0.53)
lnrd	- 0.041	1.083	0.376	0.372	1.566
	(- 0.01)	(0.43)	(0.19)	(0.11)	(0.59)
常数项	- 4.923	- 5.043	- 2.810	- 1.884	- 0.520
	(- 0.28)	(- 0.33)	(- 0.50)	(- 0.23)	(- 0.06)
观测值	90	90	90	90	90
Wald 值	66.09	43.23	96.23	46.57	46.69

注：括号内为 t 值；＊表示 $p < 0.1$，＊＊表示 $p < 0.05$，＊＊＊表示 $p < 0.01$。

4. 稳健性检验 4——制造业中间投入对作为中间品的各类生产性服务出口的影响

由前文实验结果可知制造业对满足国外中间需求的作为中间品的生产性服务出口具有显著正影响，但将生产性服务业做细分之后，制造业中间投入是否对各部门生产性服务出口均具有显著的促进作用？其对各部门的作用力又是否相同？明晰此类问题对于制造业与生产性服务业的深度融合，提出相应的产业融合政策及开放政策将可能具有一定意义。

将生产性服务业分为货物相关服务，运输服务，建筑服务，金融保险服务，通信、计算机和信息服务，其他商业服务，其他生产性服务七种。世界投入产出表 WIOT 中数据显示，制造业对货物相关服务的投入为 0，货物运输服务出口额为 0，故在此仅讨论制造业对后六种生产性服务业出口的影响，且后六种生产性服务出口分别用 $lnexp\_int2$、$lnexp\_int3$、$lnexp\_int4$、$lnexp\_int5$、$lnexp\_int6$ 和 $lnexp\_int7$ 予以表示。

表 6 – 7 显示，制造业中间投入整体对建筑服务、其他商业服务、其他生产性服务业的中间品出口具有显著正影响，且对建筑服务出口的正影响最高。制造业中间投入整体每增加 1%，带动作为中间品的建筑服务和其他商业服务出口分别增加 1.094% 和 0.611%。虽然近些年中高技术制造业升级趋势明显，但短时间内由于中国制造业的产业结构仍是以资源型和低技术制造业为主，为满足国外中间生产建设的需求，木材、木制品及软木制品，其他非金属矿物制品，基本金属制品等制成品为建筑服务出口提供了有力的支撑。制造业中间品出口与同样作为满足国外中间需求的建筑服务出口具有一定替代性，而制造业最终品出口则可作为补给，与建筑服务出口形成一定的互补效应。另外，建筑服务具有劳动力密集的属性，而高精尖技术的发展可能对传统劳动力产生一定替代。前文三一重工首创 ECC 企业控制中心，面向全球提供信息化服务的案例便可解释这个问题。当位于海外的机械设备发生故障时，ECC 中心将首先进行远程技术操作，若未解决则会派遣海外分公司的当地员工进行排障和修理，对传统的建筑出口可能存在一定挤出效应。

从生产性服务业内部来看，金融保险服务及通信、计算机和信息服务较其他几类生产性服务业而言，资本、技术、知识、高素质人力资本的密集程度更高。虽然制造业服务化趋势以及产业升级趋势明显，但资源型和低技术制造业在制造业整体中仍占据相当大的比重，制造业整体的劳动力密集型程度高于资本、技术密集程度，故制造业中间投入对金融保险服务及通信、计算机和信息服务出口的影响相当有限，亟须在助推制造业产业结构升级的同时，不断提高制造业整体的资本、技术密集程度，加强其对资本、技术密集型生产性服务业的支撑力。加之若制造业对二者的国内部门投入过多，而对其国际业务的资源供给较少，则会对此两部门的出口产生一定挤压。表 6 – 7 显示，制造业中间制成品出口对金融服务出口以及通信、计算机和信息服务出口具有一定正影响，其对金融服务出口在 1% 的显著性水平上具有显著正影响，对后者的影响不显著，且对金融服务出口的正影响力更大。因此可借助跨国公司在 GVC 中所发挥的作用，鼓励境内金融机构赴海外设立分支机构，推动金融服务出口，进一步提高金融服务国际竞争力水平。

除此之外，国内科技水平的提升对金融服务以及通信、计算机和信息服务出口均在1%的显著性水平上具有正影响。因此，应加大研发在金融服务业和通信、计算机和信息服务业的投入力度，加大科技成果转化，进一步促进二者出口能力提升。

表 6 - 7　　　　　制造业中间投入对作为中间品的各类生产性
服务出口影响的回归结果

解释变量	被解释变量					
	lnexp_int2	lnexp_int3	lnexp_int4	lnexp_int5	lnexp_int6	lnexp_int7
	模型（12）	模型（13）	模型（14）	模型（15）	模型（16）	模型（17）
lninput	0.053 (0.44)	1.094 *** (13.04)	- 0.793 *** (- 11.32)	- 0.585 *** (- 6.34)	0.611 *** (5.28)	- 0.039 (- 0.32)
lnexp_mint	- 0.033 (- 0.10)	- 0.676 *** (- 2.88)	0.495 ** (2.52)	0.365 (1.41)	- 0.381 (- 1.18)	0.027 (0.08)
lnexp_mfin	0.045 (0.11)	0.724 *** (2.64)	- 0.517 ** (- 2.25)	- 0.380 (- 1.26)	0.416 (1.10)	- 0.027 (- 0.07)
lnrd	0.289 (0.28)	- 1.913 *** (- 2.68)	2.718 *** (4.56)	1.928 ** (2.45)	- 0.939 (- 0.95)	0.605 (0.57)
常数项	0.986 (0.36)	- 8.493 *** (- 4.43)	7.658 *** (4.78)	6.201 *** (2.94)	- 3.971 (- 1.50)	1.894 (0.67)
观测值	450	450	450	450	450	450
Wald 值	0.58	171.56	133.24	41.49	28.39	0.62

注：括号内为 t 值；* 表示 $p < 0.1$，** 表示 $p < 0.05$，*** 表示 $p < 0.01$。

5. 稳健性检验5——中、高技术制造业中间投入对作为中间品的各类生产性服务出口的影响

由稳健性检验3的实证结果可知，中等技术制造业对生产性服务出口的积极作用最为显著，因此，首先重点探讨中等技术制造业中间投入对下游各细分生产性服务出口的影响，实证结果如表6-8所示。

中等技术制造业包括"化学品及化工产品制造业（c11）""未另分类的机械和设备制造业（c19）""汽车、拖车和半拖车制造业（c20）"以及"其他运输设备制造业（c21）"。由表6-8可知，中等技术制造业对传统生产性服务——建筑服务和运输服务出口，以及其他商业服务出口均在1%的显著性水平上具有正影响力。当中等技术制造业中间投入增加1%时，满足国外中间需求的此三种生产性服务出口分别增加1.353%、1.311%和0.699%。这些中等技术制造行业具有物质资本密集的属性，其过多投入占用了大量资源，对金融服务出口以及通信、计算机和信息服务出口造成一定挤压。

表6-8　　　　　　中等技术制造业中间投入对作为中间品的
各类生产性服务出口影响的回归结果

解释变量	被解释变量					
	lnexp_int2	lnexp_int3	lnexp_int4	lnexp_int5	lnexp_int6	lnexp_int7
	模型（18）	模型（19）	模型（20）	模型（21）	模型（22）	模型（23）
lninput	1.311*** (4.27)	1.353*** (5.80)	-1.339*** (-7.96)	-1.118*** (-4.65)	0.699** (2.15)	-0.230 (-0.67)
lnexp_mint	-0.540 (-0.11)	-0.466 (-0.12)	0.649 (0.23)	0.540 (0.14)	-0.303 (-0.06)	0.155 (0.03)
lnexp_mfin	0.409 (0.09)	0.295 (0.09)	-0.268 (-0.11)	-0.215 (-0.06)	0.301 (0.06)	-0.075 (-0.02)
lnrd	-1.827 (-0.31)	-1.558 (-0.35)	2.305 (0.71)	1.732 (0.37)	-0.988 (-0.16)	0.712 (0.11)
常数项	-8.355 (-0.50)	-8.727 (-0.69)	8.477 (0.93)	7.499 (0.58)	-4.433 (-0.25)	2.730 (0.15)
观测值	90	90	90	90	90	90
Wald值	18.35	33.99	64.73	21.92	4.74	0.55

注：括号内为t值；*表示p<0.1，**表示p<0.05，***表示p<0.01。

表6-9显示，高技术制造业对作为中间品的其他商业服务和建筑服务出口在1%的显著性水平上具有明显的促进作用，对通信、计算机和信息服

务出口在10%的显著性水平上具有正影响力。每增加1%的高技术制造业中间投入，便会带动此三种生产性服务出口增加 1.008%、1.019% 和 0.563%。"计算机、电子产品和光学产品制造业（c17）"、"电力设备制造业（c18）"在高技术制造业中间投入占有较高比重，这些高技术制造业部门为以上行业提供了坚实的基础设施基础、设备基础和技术基础。

运输服务出口更多地依托"其他运输设备制造业（c21）"的支撑作用，并且高技术制造业对国内运输服务的中间投入对于运输服务出口发展形成显著的挤出效应，因此应加强高技术制造业对中国运输服务企业在海外业务的投入力度，在一定程度上增强参与全球价值链满足国外中间生产需求的零部件、设备等中间制成品与运输服务出口的协同互补性。同样，高技术制造业对国内金融保险服务业的中间投入对于该服务行业出口构成一定挤压。

表6-9　　　　　　高技术制造业中间投入对作为中间品的各类
生产性服务出口影响的回归结果

解释变量	被解释变量					
	$\ln exp\_int2$	$\ln exp\_int3$	$\ln exp\_int4$	$\ln exp\_int5$	$\ln exp\_int6$	$\ln exp\_int7$
	模型（24）	模型（25）	模型（26）	模型（27）	模型（28）	模型（29）
$\ln input$	-1.015*** (-3.85)	1.019*** (4.97)	-1.301*** (-10.49)	0.563** (2.57)	1.008*** (3.88)	0.011 (0.04)
$\ln exp\_mint$	2.281 (0.34)	-1.787 (-0.35)	3.126 (1.00)	-0.830 (-0.15)	-2.018 (-0.31)	0.244 (0.03)
$\ln exp\_mfin$	-2.077 (-0.37)	1.847 (0.43)	-2.899 (-1.11)	0.930 (0.20)	2.106 (0.38)	-0.204 (-0.03)
$\ln rd$	1.201 (0.14)	-1.156 (-0.18)	1.922 (0.48)	-0.631 (-0.09)	-1.237 (-0.15)	0.274 (0.03)
常数项	9.122 (0.43)	-9.023 (-0.55)	11.007 (1.11)	-5.125 (-0.29)	-9.070 (-0.44)	1.205 (0.05)
观测值	90	90	90	90	90	90
Wald 值	14.89	24.97	111.75	6.83	15.15	0.1

注：括号内为 t 值；* 表示 $p<0.1$，** 表示 $p<0.05$，*** 表示 $p<0.01$。

综上可知，第一，中等技术制造业中间投入对生产性服务出口的促进作用最强。第二，制造业中间投入整体对建筑服务、其他商业服务、其他生产性服务出口具有显著的促进作用，且对建筑服务出口的影响力最强。第三，中等技术制造业对建筑服务、运输服务和其他商业服务出口具有显著的促进作用，而高技术制造业除对建筑服务和其他商业服务出口起到一定支撑作用之外，对知识、技术密集程度更高的通信、计算机和信息服务出口亦存在显著的促进作用，可见制造业升级亦有助于生产性服务出口技术水平提升，因此前述假说 H6 亦得到验证。

三、实证结论

构建中国制造业对国内下游生产性服务业的中间投入、制造业中间品和最终品出口等变量与生产性服务出口的面板模型，可以发现，中国国内制造业中间投入对生产性服务出口具有显著支撑力。

第一，从中国制造业中间投入结构来看，中等技术制造业中间投入对生产性服务出口的促进作用最强，高技术制造业对生产性服务出口的支撑力仍有待强化。

第二，从中国各生产性服务行业受制造业中间投入影响的实证结果来看，制造业中间投入整体对建筑服务、其他商业服务、其他生产性服务出口具有显著的促进作用，其中对建筑服务出口的影响力最强。

第三，重点分析中、高技术制造业中间投入对生产性服务出口的影响可知，制造业升级有助于生产性服务出口技术水平提高。前者对建筑服务、运输服务和其他商业服务出口具有显著的促进作用，而后者除对建筑服务和其他商业服务出口起到一定支撑作用之外，对知识、技术密集程度更高的通信、计算机和信息服务出口亦存在显著的促进作用。

第三节 本章小结

本章首先使用投入产出法计算出中国制造业对国内下游生产性服务业的

供给效应，并在此基础上，进一步构建制造业对国内下游生产性服务的中间投入、制造业中间品出口、制造业最终品出口等变量与作为中间品的生产性服务出口的面板模型。

第一，由中国制造业对国内下游生产性服务业的供给效应可知，较国外制造业投入而言，国内制造业对下游生产性服务业的产出推动效应更大，前者基本为后者效应的数十倍，为生产性服务业发展起到了重要的支撑作用。技术水平较低的资源型和低技术制造业，其产出服务化的产业方向更趋近于生产性服务业中知识、技术水平同样较低的运输服务业和建筑服务业。中等技术制造业除对下游运输服务业具有显著支撑之外，对金融保险服务以及通信、计算机和信息服务产出的推动作用也较强。高技术制造业为通信、计算机和信息服务以及其他商业服务，尤其是为其中的"其他专业、科学和技术服务、兽医服务（c49）""科学研究与发展服务（c47）""通信业（c39）"以及"法律和会计服务，总公司服务，管理咨询服务（c45）"提供了最为坚实的产业基础。

第二，中国制造业中间投入对生产性服务出口的推动效应实证结果显示，中国国内制造业中间投入对生产性服务出口具有显著支撑力。从中国制造业中间投入结构来看，中等技术制造业中间投入对生产性服务出口的促进作用最强。制造业中间投入整体对建筑服务、其他商业服务、其他生产性服务出口具有显著的促进作用，且对建筑服务出口的影响力最强。中等技术制造业对建筑服务、运输服务，以及其他商业服务出口起到显著的推动作用。除对建筑服务和其他商业服务出口产生一定支撑作用之外，高技术制造业对知识、技术密集程度更高的通信、计算机和信息服务出口的促进作用较为显著。可见，制造业升级也同样可以对生产性服务出口技术水平提升发挥一定的积极作用。

第七章

结论、建议与展望

本书基于全球价值链下跨国产业融合视角，梳理了生产性服务贸易与制造业关联的相关文献，继而厘清了二者融合联动的路径。在运用投入产出法，构建非竞争型投入产出模型的基础上，计算二者间的具体影响效应，并对中国生产性服务进口与制造业的联动效应以及中国制造业对生产性服务出口的推动效应进行实证检验。最后，根据研究结论，提出促进生产性服务贸易与制造业联动的政策建议。

第一节 研究结论

通过研究，本书得出以下三个方面的核心结论。

一、生产性服务贸易与制造业呈联动融合式发展

第一，生产性服务进口与制造业相互促进。生产性服务进口不但可以为国内制造业企业提供更多更高质量的中间品投入，进而提高制成品质量和市场竞争力，促进制造业产出增长，而且可以通过技术溢出、知识溢出、人力资本溢出效应促进国内制造业企业的技术进步，进而有效推动制造业生产从低端向高端升级。同时，国内制造业产出的增长又会对国外生产性服务产生

更大需求，进而带动生产性服务进口规模的扩大。国内制造业的技术升级则会对富含技术、知识和人力资本要素的生产性服务产生更多需求，进而带动生产性服务进口质量的提升。如此，生产性服务进口对制造业升级的供给效应与制造业升级对生产性服务进口的需求效应相互促进，形成生产性服务进口与制造业升级的双向联动机制和良性循环（张昕，2021）。

第二，制造业发展有助于生产性服务出口。制造业服务化作为重要的中间路径，将制造业与生产性服务出口联结起来。在制造业产出外部服务化方式下，产业分工促使生产性服务从制造业中分离而出形成独立的生产性服务业，同时制造业部门也为国内下游生产性服务部门提供了坚实的产业基础，助力扩大生产性服务出口规模、优化生产性服务出口结构。在制造业产出内部服务化方式下，一些制造业企业出口生产性服务；生产性服务出口与制成品出口具有一定程度的互补性或替代性。

二、中国生产性服务进口与制造业具有联动效应

第一，中国生产性服务进口对国内制造业的供给效应表现为，国内生产性服务中间投入对中国制造业发展的供给效应远远大于国外生产性服务中间投入。生产性服务进口的增加对中国制造业产出增长和技术升级具有前向推动作用，且进口的生产性服务技术含量越高，其对制造业升级的推动效应越强（张昕，2021）。具体来看，生产性服务进口较国内生产性服务投入而言，对高技术制造业的促进作用更为突出，对制造业升级的积极影响更为明显。货物相关服务对中国制造业升级的促进作用较为有限。运输服务和建筑服务进口对资源型和低技术制造业产出的推动作用更为明显。金融保险服务，通信、计算机和信息服务以及其他商业服务进口有效助力中国制造业向高端迈进。

第二，中国制造业对生产性服务进口的需求效应表现为，制造业产出增长对国内生产性服务业发展的后向拉动效应远远大于生产性服务进口。中国制造业的产出增长对生产性服务进口规模扩大具有后向拉动作用，制造业的技术升级对生产性服务进口的质量提升具有后向拉动作用，且技术密度较高

的制造业行业比技术密度较低的制造业行业对高技术密度生产性服务进口的需求拉动效应更大（张昕，2021）。其中，资源型制造业和低技术制造业对传统生产性服务具有持续的需求。中、高技术制造业对金融服务，通信、计算机和信息服务以及研发服务等的进口需求更大。相比中等技术制造业，高技术制造业对技术密集程度更高的法律咨询服务，航空运输服务，以及计算机程序设计、咨询及相关服务，信息服务的进口需求更为强烈。

第三，中国生产性服务进口与制成品出口互为因果。一方面，生产性服务进口对制成品出口的正影响不存在反应时滞，效应持续。另一方面，制成品出口对生产性服务进口的需求效应虽具有一定短期时滞，但正向拉动作用显著且持续增强。这也体现了货物贸易与服务贸易的融合。

三、中国制造业对生产性服务出口具有推动效应

第一，中国制造业对国内下游生产性服务业的推动效应计算结果显示，较国外制造业投入而言，国内制造业部门中间投入为下游生产性服务业发展起到了重要的支撑作用。技术水平较低的资源型和低技术制造业，更趋近于投入至运输服务业和建筑服务业。中等技术制造业对运输服务，金融保险服务以及通信、计算机和信息服务产出的推动作用较强。高技术制造业为通信、计算机和信息服务以及其他商业服务业，尤其是其中的专业技术服务、研发服务、通信服务、咨询服务等提供了最为坚实的产业基础。

第二，基于"双循环"新发展格局下的产业关联视角，将制造业产出内、外部服务化作为中间路径，探讨中国制造业中间投入对下游生产性服务出口高质量发展的影响。研究发现，在金融危机等外部环境变化导致GVC不稳定的情况下，产品内国际分工促进生产性服务出口的路径1具有一定的脆弱性，国内制造业中间投入较国外制造业而言对中国国内生产性服务业产出的推动效应更大。在制造业产出外部服务化与内部服务化路径（路径2、路径3）之下，中国制造业中间投入对国内下游生产性服务出口具有显著支撑作用，且制造业升级有助于生产性服务出口技术水平提升，高技术制造业对知识技术密集程度更高的生产性服务出口存在显著促进作用。相比其他几

类制造业部门而言，中等技术制造业中间投入对生产性服务出口的促进作用最强。制造业中间投入整体对建筑服务、其他商业服务、其他生产性服务出口具有显著的促进作用。中等技术制造业和高技术制造业均对建筑服务和其他商业服务出口产生一定支撑作用，但后者对于知识、技术密集程度更高的通信、计算机和信息服务出口的促进作用更为显著。

第二节 政 策 建 议

构建双循环新发展格局，一方面要坚持以国内大循环为主体，另一方面也要通过更高层次的国际循环促进国内大循环的质量提升。基于生产性服务进口与制造业升级的双向联动机制，要以本土制造业供给质量提升和技术升级为主体，以生产性服务进口质量提升和结构优化为催化剂，构建国内外产业相互融合相互促进的"生产性服务进口 + 制造业升级"双向联动网络（张昕，2021）。同时，强化制造业对生产性服务业以及生产性服务出口的支撑力，以巩固中国全球价值链中心节点位置，通过畅通的国内大循环来推动国内和国际的双循环，更好地联通国内市场和国际市场，推动我国对外开放达到更高水平。

一、扩大生产性服务业开放

第一，增强生产性服务业开放力度。为外商提供稳定的宏观经济环境、高效的营商环境和可预期的政策环境。重点扩大通信、计算机和信息服务，其他商业服务等领域开放，激发市场竞争活力；适度放宽金融领域外资准入条件，创新开启资本项下负面清单管理模式。在保证国家安全的前提下，除涉及国家安全和法律法规禁止进入的领域之外，积极推行准入前国民待遇加负面清单的生产性服务业外资管理模式，减少外资股比限制。

第二，"引进来"的同时，更要"走出去"。优化投资导向，积极应对其他国家或地区的技术性贸易壁垒，力争消除其他国家或地区对本国生产性服务出口的限制。推进知识产权保护体系建设，在加强相关立法的同时广泛开展国际知识产权合作，鼓励知识型生产性服务企业自主创新，树立自有品牌。加强生产性服务业从业人员国际交流，加深技术合作，强化专业服务资质互认，为外籍人才在华获得永居许可提供便利，同时积极培育专业与外语兼优的国际化复合型人才。鼓励生产性服务企业跻身国际市场，赴海外设立研发中心等，建立全球生产性服务网络，加强与东道国企业的合作，尤其鼓励其向技术先进的国家开展对外直接投资，通过逆向技术溢出效应，提高国内技术水平。加大对跨国公司资金池业务的支持力度，推动人民币国际化进程，注重金融服务开放和金融风险管控之间的平衡。

第三，提高通关便利化水平。实行"一线放开，二线安全高效管住"的海关监管模式。探索创新与生产性服务贸易相适应的通关管理方式，加快放行速度，提高放行效率。

二、提升制造业服务化水平

第一，增加制造业中生产性服务投入。不断完善基础设施网络，提高电信、道路交通等相关基础设施水平，为本国生产性服务业的发展以及国际生产性服务要素在国内的使用提供便利。依托制造业提供的硬件基础设施，引进高质量的国际生产性服务，构建竞争性、市场化、法治化的营商环境，有效降低生产性服务外包风险。搭建投资促进平台，为外资生产性服务企业与国内制造业企业、生产性服务企业合作提供便利。加强产需互动，鼓励生产性服务业向制造业增加柔性服务、定制服务供给，促进制造业通过组织流程再造，由传统的单一生产模式向协同化、一体化、系统化的解决方案转变。

第二，鼓励推行服务型制造模式。支持和引导制造业企业进入生产性服务业领域，向价值链上下游的研发设计、售后服务等环节延伸，推进相关土地、财税、金融等支持政策落地。加大知识产权保护力度，推进知识产权保护体系建设，在加强相关立法的同时与其他国家和地区的知识产权保护机构广泛开展国际合作。鼓励知识型生产性服务企业自主创新，树立自有品牌。

鼓励社会资本进入服务型制造业，完善收益分配方式和投融资安全预警机制。重点鼓励高端装备制造业、医药制造业以及计算机、电子产品制造业开展无形资产融资租赁业务。

第三，以制造业内外部服务化，带动生产性服务出口。推进"政产学研用"一体化。推广产业融合创新项目，在增加研发投入的同时，更要注重提高科研成果在生产性服务企业和制造业企业的转化效率。调整制造业部门内部架构，鼓励企业自主提供 R&D、设计等利于塑造核心竞争力的生产性服务，并将其内化为产品的价值增值部分，增加产品中的服务含量，强化制造业企业内部服务部门和与之相关生产性服务企业的出口能力。鼓励制造企业出口制成品的互补性或替代性生产性服务。

三、促进生产性服务贸易与制造业融合发展

第一，引导生产性服务进口行业流向，加强与国内制造业的联系。推进生产性服务贸易与物联网、大数据、云计算、数字经济的有效结合，加大科技创新力度。创新财政资金使用方式，设立产业发展基金，引导资金重点流向通信、计算机和信息服务，金融、保险等知识、技术高度密集的领域。优化产业布局，设立综合产业园，鼓励内外资生产性服务企业与制造业进驻园区，打通园区内外部相关企业的沟通与合作渠道，加快外资生产性服务企业技术转移，以知识溢出效应辐射带动本地区生产性服务业和制造业发展。

第二，依托制造业优势行业，优化生产性服务贸易结构。依托计算机、电子产品和光学产品制造业以及电力设备制造业质量竞争优势，结合"互联网＋"、大数据、物联网、人工智能等，助推通信、计算机和信息服务出口。加固基础药品和医药制剂制造业基础，降低进口原研药价格；加强知识产权保护，促进仿制药研发；扩大保险领域开放，增加大病医保险种。持续提升铁路、船舶、航空航天和其他运输设备制造业竞争力，提高运输服务质量，扩大运输服务出口，缩小生产性服务贸易及服务贸易整体的逆差。提高汽车制造业的创新能力，与国际技术标准接轨，推动新能源汽车的研发与生产；加速服务化转型，增加标准柔性化服务和定制化适应性服务供给，满足

多元化的市场需求；推动汽车金融服务国际化。加大对仪器仪表、电气机械和器材、专用设备及通用设备制造业的扶持，加速技术创新，增加研发等其他商业服务投入；提高货物相关服务供给质量，加快原料及工业零部件流转，协同促进货物相关服务与建筑服务出口。

第三，根据制造业地区发展特点，差异化发展生产性服务贸易。东部地区：京津冀城市群——以北京市服务业扩大开放为引领，发挥北京总部经济优势，重点引导通信、计算机和信息服务，金融服务，保险服务的双向开放，辐射带动天津与河北加强产业联动。长三角城市群——鼓励上海、浙江、江苏、安徽高端制造业创新，扩大金融服务，运输服务，通信、计算机和信息服务开放。大珠三角地区——以广州和香港的交通优势促进仓储、物流等运输服务双向开放；进一步加强知识产权保护；大力发展通信、计算机和信息服务及其他商业服务贸易；强化金融服务贸易竞争力。中部地区：依托郑州、武汉、合肥、太原等重要综合交通枢纽的便利条件，提升运输服务贸易质量；在能源和电力等领域，加快发展以货物相关服务和建筑服务为主的生产性服务外包。西部地区：承接制造业转移，借力"一带一路"提高对外开放水平；借助"渝新欧"国际铁路联运大通道，加速货物相关服务及运输服务出口；夯实陕西等地制造业基础，推进生产性服务业功能区建设，增强集聚效应。东北地区：将沿海沿边开放与承接产业转移有机结合，重点推进货物相关服务和运输服务出口。

第三节 研究展望

GVC下，生产性服务进口作为重要的中间投入推动制造业发展，制造业则一方面对生产性服务进口产生强劲的需求，另一方面通过制造业服务化路径对生产性服务出口起到有力的支撑。生产性服务贸易与制造业相互融合、联动互促。本书试图厘清二者间的联动机制，但由于笔者在资料收集、数据处理、模型构建等方面的能力有限，文章尚存在诸多不足。在后续的研究中，将从以下几点入手对相关问题作进一步探讨。

第一，书中引入制造业服务化的概念，但未对其服务化程度进行测算，这是本书的一大不足。未来将在后续研究中借鉴已有文献的研究方法，对中国制造业服务化水平进行测度，尽可能对制造业投入服务化、产出服务化，以及其中的内部服务化、外部服务化程度进行细致分析。

第二，进一步测算中国生产性服务整体及分部门在全球价值链中的前向参与度和后向参与度，进而探索生产性服务贸易与制造业联动效应对中国产业攀升全球价值链高端的意义、作用和途径。

第三，关于生产性服务贸易与制造业间相互影响的分析还应继续深入，如在后续的研究中通过构建计量模型，进一步研究中国生产性服务进口（出口）对制造业全要素生产率的影响以及中国生产性服务贸易对制造业产业结构升级的影响。

第四，由于目前 WIOT 中的数据仅更新至 2014 年，故在分析中国生产性服务贸易与制造业发展现状部分，综合运用 UNCTAD 等多个数据库。后续研究可对全球价值链框架下增加值贸易统计方式与 UNCTAD 数据库下的传统贸易统计方式做类比，以期更为准确、全面地明晰中国生产性服务贸易的发展特征，找寻两种不同贸易统计方式的差异。

参 考 文 献

[1] [美] 阿迪特亚·马图，罗伯特·M. 斯特恩，贾尼斯·赞尼尼.
国际服务贸易手册 [M]. 上海：格致出版社、上海人民出版社，2012：234 -
236.

[2] 安筱鹏. 制造业服务化路线图：机理、模式与选择 [M]. 北京：
商务印书馆，2012：43，149 - 150.

[3] 陈丽娴，魏作磊. 制造业企业产出服务化有利于出口吗——基于
Heckman 模型的 PSM - DID 分析 [J]. 国际经贸探索，2020，36（05）：
16 - 34.

[4] 陈启斐. 进口服务贸易与我国制造业的创新驱动发展研究 [M].
北京：经济科学出版社，2016：44 - 45，170 - 171.

[5] 陈启斐，刘志彪. 进口服务贸易、技术溢出与全要素生产率——
基于47 个国家双边服务贸易数据的实证分析 [J]. 世界经济文汇，2015
（05）：1 - 21.

[6] 陈强. 高级计量经济学及 Stata 应用 [M]. 北京：高等教育出版
社，2014：250 - 258，377 - 381.

[7] 陈锡康，杨翠红，等. 投入产出技术 [M]. 北京：科学出版社，
2011：10 - 13，23 - 63，185 - 199，206 - 223.

[8] 程大中，郑乐凯，魏如青. 全球价值链视角下的中国服务贸易竞
争力再评估 [J]. 世界经济研究，2017（05）：85 - 97，136 - 137.

[9] 程惠芳，陈超. 开放经济下知识资本与全要素生产率——国际经
验与中国启示 [J]. 经济研究，2017，52（10）：21 - 36.

[10] 邓洲. 制造业与服务业融合发展的历史逻辑、现实意义与路径探
索 [J]. 北京工业大学学报（社会科学版），2019，19（04）：61 - 69.

［11］杜传忠，王梦晨．技能偏向型技术进步对中国制造业价值链攀升的影响研究——基于知识产权保护的视角［J］．经济科学，2021（01）：31－43．

［12］段国蕊，于靓．制造业高质量发展评价体系构建与测度：以山东省为例［J］．统计与决策，2021，37（18）：99－102．

［13］樊纲．"双循环"与中国经济发展新阶段［J］．中国经济报告，2021（04）：25－28．

［14］方慧．服务贸易技术溢出的实证研究——基于中国1991～2006年数据［J］．世界经济研究，2009（03）：49－52，74，88．

［15］傅钧文．发达国家制造业回流现象及成因分析：以日本为例［J］．世界经济研究，2015（05）：108－118，129．

［16］高敬峰，王彬，宋玉洁．美国制造业回流对中国国内价值链质量的影响研究［J］．世界经济研究，2020（10）：121－134，137．

［17］高凌云，王永中．R&D溢出渠道、异质性反应与生产率：基于178个国家面板数据的经验研究［J］．世界经济，2008（02）：65－73．

［18］高铁梅．计量经济分析方法与建模：EViews应用及实例（第二版）［M］．北京：清华大学出版社，2009.5（2015.9重印）：188，277－290．

［19］龚静，尹忠明．增加值核算体系下我国服务贸易出口的国际分工地位与竞争力研究——基于世界投入产出数据库的上游度指数与显示性比较优势指数分析［J］．国际商务（对外经济贸易大学学报），2018（05）：73－84．

［20］顾乃华．生产性服务业对工业获利能力的影响和渠道——基于城市面板数据和SFA模型的实证研究［J］．中国工业经济，2010（05）：48－58．

［21］顾乃华，夏杰长．对外贸易与制造业投入服务化的经济效应——基于2007年投入产出表的实证研究［J］．社会科学研究，2010（05）：17－21．

［22］郭娟娟，冼国明，房帅．外资自由化、制度环境与制造业企业全球价值链地位提升——基于溢出效应理论的研究［J］．产业经济研究，2020（06）：83－98＋127．

［23］郭克莎，宋杰．关于制造业高质量发展与经济稳增长的理论分析

[J]. 社会科学战线，2021（08）：36-46.

[24] 洪联英，刘解龙. 论我国出口导向型发展模式转型的战略性调整——基于微观企业层次的分析 [J]. 国际经贸探索，2009，25（02）：22-27.

[25] 胡鞍钢，任皓，高宇宁. 国际金融危机以来美国制造业回流政策评述 [J]. 国际经济评论，2018（02）：112-130+7.

[26] 华广敏，黄伟. 中国高技术服务业与制造业融合发展分析——基于2015年OECD数据库非竞争型I-O [J]. 科研管理，2020，41（05）：69-77.

[27] 黄灿，林桂军. 全球价值链分工地位的影响因素研究：基于发展中国家的视角 [J]. 国际商务（对外经济贸易大学学报），2017（02）：5-15.

[28] 黄建忠，刘莉. 国际服务贸易教程 [M]. 北京：对外经济贸易大学出版社，2016：1-71.

[29] 黄建忠，吴逸. 生产者服务贸易与全球价值链的"区块化" [J]. 东南大学学报（哲学社会科学版），2018，20（01）：49-60+147.

[30] 黄莉芳，黄良文，郭玮. 生产性服务业对制造业前向和后向技术溢出效应检验 [J]. 产业经济研究，2011（03）：29-37.

[31] 黄群慧. 改革开放40年中国的产业发展与工业化进程 [J]. 中国工业经济，2018（09）：5-23.

[32] 黄群慧. 新发展格局的理论逻辑、战略内涵与政策体系——基于经济现代化的视角 [J]. 经济研究，2021，56（04）：4-23.

[33] 黄群慧，霍景东. 中国制造业服务化的现状与问题——国际比较视角 [J]. 学习与探索，2013（08）：90-96.

[34] 黄先海，诸竹君. 生产性服务业推动制造业高质量发展的作用机制与路径选择 [J]. 改革，2021（06）：17-26.

[35] 江小涓. 数字经济提高了服务业效率 [N]. 北京日报，2020-11-02（010）.

[36] 江小涓，黄颖轩. 数字时代的市场秩序、市场监管与平台治理 [J]. 经济研究，2021，56（12）：20-41.

[37] 蒋南平，张明明，王柿林．人工智能如何促进中国制造业高质量发展 [J]．改革与战略，2021，37（11）：72-83．

[38] 金碚．关于"高质量发展"的经济学研究 [J]．中国工业经济，2018（04）：5-18．

[39] 金成．我国产业应对制造业回流美国的压力研究 [J]．山东社会科学，2019（03）：120-124．

[40] 李江帆．新型工业化与第三产业的发展 [J]．经济学动态，2004（01）：39-42，86．

[41] 李江帆，毕斗斗．国外生产服务业研究述评 [J]．外国经济与管理，2004（11）：16-19，25．

[42] 李江帆，朱明．生产服务业对信息通信业的产业依赖及其增长效应 [J]．武汉大学学报（哲学社会科学版），2016，69（02）：47-54．

[43] 李蕾．制造业升级对服务业发展的影响与启示 [J]．区域经济评论，2018（06）：54-62．

[44] 李美云．论服务业的跨产业渗透与融合 [J]．外国经济与管理，2006（10）：25-33，42．

[45] 李平，王钦，贺俊，吴滨．中国制造业可持续发展指标体系构建及目标预测 [J]．中国工业经济，2010（05）：5-15．

[46] 李平，张静婷，王春晖．生产性服务进口技术复杂度与企业生产率：来自制造业上市公司的微观证据 [J]．世界经济研究，2022（02）：104-117，136．

[47] 李巧华．新时代制造业企业高质量发展的动力机制与实现路径 [J]．财经科学，2019（06）：57-69．

[48] 李秋香，吉慧敏，黄毅敏．制造业高质量发展的路径与方法——价值链视角 [J]．科技管理研究，2021，41（04）：117-123．

[49] 李瑞杰．疫情冲击与中国"产业黑洞"吸附及全球制造业长期走向 [J]．江西社会科学，2020，40（10）：49-57，254．

[50] 李晓华．以新发展理念引领制造业高质量发展 [J]．人民论坛·学术前沿，2021（13）：51-59．

［51］梁琦，陆剑宝．传统制造业集群的生产性服务需求——广东、山西两地 4 个制造业集群样本的考察［J］．管理评论，2014，26（11）：169－181．

［52］刘斌，魏倩，吕越，祝坤福．制造业服务化与价值链升级［J］．经济研究，2016，51（03）：151－162．

［53］刘兵权，王耀中，文凤华．开放经济下现代生产性服务业、高端制造业与产业安全［J］．社会科学家，2011（05）：50－54．

［54］刘浩，韩晶．MATLAB R2016a 完全自学一本通［M］．北京：电子工业出版社，2016：9－45，71－75．

［55］刘宏，李述晟．FDI 对我国经济增长、就业影响研究——基于 VAR 模型［J］．国际贸易问题，2013（04）：105－114．

［56］刘继国，李江帆．国外制造业服务化问题研究综述［J］．经济学家，2007（03）：119－126．

［57］刘继国，赵一婷．制造业中间投入服务化趋势分析——基于 OECD 中 9 个国家的宏观实证［J］．经济与管理，2006（09）：9－12．

［58］刘书瀚，张瑞，刘立霞．中国生产性服务业和制造业的产业关联分析［J］．南开经济研究，2010（06）：65－74．

［59］刘鑫鑫，惠宁．数字经济对中国制造业高质量发展的影响研究［J］．经济体制改革，2021（05）：92－98．

［60］刘志彪．发展现代生产者服务业与调整优化制造业结构［J］．南京大学学报（哲学·人文科学·社会科学版），2006（05）：36－44．

［61］刘志彪．论以生产性服务业为主导的现代经济增长［J］．中国经济问题，2001（01）：10－17．

［62］路丽，陈玉玲．我国制造业与生产性服务业协同水平测度及影响因素研究［J］．工业技术经济，2021，40（05）：155－160．

［63］陆小成．生产性服务业与制造业融合的知识链模型研究［J］．情报杂志，2009，28（02）：117－120，124．

［64］吕越，黄艳希，陈勇兵．全球价值链嵌入的生产率效应：影响与机制分析［J］．世界经济，2017，40（07）：28－51．

［65］吕政，刘勇，王钦．中国生产性服务业发展的战略选择——基于产业互动的研究视角［J］．中国工业经济，2006（08）：5-12.

［66］马珩．制造业高级化测度指标体系的构建及其实证研究［J］．南京社会科学，2012（09）：30-36.

［67］马述忠，房超，梁银锋．数字贸易及其时代价值与研究展望［J］．国际贸易问题，2019（02）：176.

［68］马双，郭京京．"十四五"时期我国先进制造业高质量发展的对策研究［J］．创新科技，2021，21（05）：40-47.

［69］梅冬州，崔小勇．制造业比重、生产的垂直专业化与金融危机［J］．经济研究，2017，52（02）：96-110.

［70］蒙英华，尹翔硕．生产者服务贸易与中国制造业效率提升——基于行业面板数据的考察［J］．世界经济研究，2010（07）：38-44，88.

［71］孟萍莉．中国生产性服务贸易对制造业升级的影响研究［D］．首都经济贸易大学，2017.

［72］聂聆，骆晓婷．"金砖四国"生产性服务贸易结构与竞争力研究［J］．中央财经大学学报，2011（3）：67-72.

［73］裴长洪，彭磊．中国开放型经济治理体系的建立与完善［J］．改革，2021（04）：1-14.

［74］裴长洪，彭磊．中国服务业与服务贸易［M］．北京：社会科学文献出版社，2008，4：1-9，36-42，131-132.

［75］綦良群，吴佳莹．实现经济高质量发展的路径选择——基于装备制造业和生产性服务业互动融合统计分析［J］．中国统计，2018（06）：63-64.

［76］权衡．制造业高质量发展的关键问题［J］．中国中小企业，2021（09）：65-66.

［77］尚涛，陶蕴芳．中国生产性服务贸易开放与制造业国际竞争力关系研究——基于脉冲响应函数方法的分析［J］．世界经济研究，2009（05）：52-58，88-89.

［78］盛斌．中国开放发展面临的三大挑战［J］．国际贸易问题，2018

(01)：4-5.

[79] 史丹，李鹏.中国工业70年发展质量演进及其现状评价 [J].中国工业经济，2019（09）：5-23.

[80] 苏敬勤，喻国伟.多学科视角中的生产性服务业研究述评 [J].工业技术经济，2008（5）：37-40

[81] 孙浦阳，侯欣裕，盛斌.服务业开放、管理效率与企业出口 [J].经济研究，2018，53（07）：136-151.

[82] 孙晓华，张竣喃，郑辉."营改增"促进了制造业与服务业融合发展吗 [J].中国工业经济，2020（08）：5-23.

[83] 孙正，岳文浩，霍富迎.我国生产性服务业与制造业协同集聚程度测算研究——基于产业与城市群的视角 [J].统计研究，2022，39（03）：21-33.

[84] 唐红祥，张祥祯，吴艳，贺正楚.中国制造业发展质量与国际竞争力提升研究 [J].中国软科学，2019（02）：128-142.

[85] 唐晓华，迟子茗.工业智能化对制造业高质量发展的影响研究 [J].当代财经，2021（05）：102-114.

[86] 唐宜红，张鹏杨.中国企业嵌入全球生产链的位置及变动机制研究 [J].管理世界，2018，34（05）：28-46.

[87] 陶爱萍，吴文韬.进口推动经济高质量发展吗?：一个供给侧的视角 [J].世界经济研究，2020（06）：73-88，136-137.

[88] 王昌林，盛朝迅，苑生龙.特朗普"制造业回流"政策对我国产业的影响及应对 [J].全球化，2017（08）：62-68，134.

[89] 王成东，李安琦，蔡渊渊.产业融合与产业全球价值链位势攀升——基于中国高端装备制造业与生产性服务业融合的实证研究 [J].软科学，2022，36（05）：9-14.

[90] 王佃凯.国际服务贸易 [M].北京：首都经济贸易出版社，2015，3：167-172.

[91] 王瑞荣，陈晓华.数字经济助推制造业高质量发展的动力机制与实证检验——来自浙江的考察 [J].系统工程，2022，40（01）：1-13.

[92] 王婷，谭宗颖，谢光锋. 从发达国家制造业回流看中国制造业的发展 [J]. 科学管理研究，2014，32 (03)：113 – 116.

[93] 王文，孙早. 制造业需求与中国生产性服务业效率——经济发展水平的门槛效应 [J]. 财贸经济，2017，38 (07)：136 – 155.

[94] 王小波，陈赤平，文美玲. 生产性服务业与制造业融合发展研究 [J]. 湖南科技大学学报（社会科学版），2016，19 (06)：98 – 103.

[95] 王直，魏尚进，祝坤福. 总贸易核算法：官方贸易统计与全球价值链的度量 [J]. 中国社会科学，2015 (09)：108 – 127，205 – 206.

[96] 魏作磊，刘海燕. 制造业投入服务化与高质量服务出口：基于跨国面板数据的实证检验 [J]. 世界经济研究，2021 (05)：24 – 37，134 – 135.

[97] 魏作磊，王锋波. 制造业产出服务化对企业绩效的作用机制——基于产品市场竞争的视角 [J]. 产经评论，2021，12 (01)：115 – 133.

[98] 吴爱东，刘慧丹. 高技术服务业与制造业融合对制造业高质量发展影响研究 [J]. 天津经济，2021 (10)：30 – 38.

[99] 吴敬伟，江静. 开放视角下产业融合与制造业全球价值链攀升 [J]. 商业研究，2022 (02)：21 – 29.

[100] 席艳乐，易莹莹. 生产性服务业发展与上海制造业国际竞争力的提升 [J]. 统计与决策，2013 (04)：92 – 95.

[101] 夏杰长，肖宇. 以制造业和服务业融合发展壮大实体经济 [J]. 中国流通经济，2022，36 (03)：3 – 13.

[102] 夏杰长，肖宇，孙盼盼. 以服务业扩大开放促进中国产业升级：理论逻辑与政策思路 [J]. 国际贸易，2020 (06)：4 – 13，79.

[103] 夏明，张红霞编著. 投入产出分析：理论、方法与数据 [M]. 北京：中国人民大学出版社，2013：29 – 31，223 – 227，244.

[104] 夏秋. 制造业服务化与产业结构升级 [M]. 北京：企业管理出版社，2022.

[105] 肖文，樊文静. 产业关联下的生产性服务业发展——基于需求规模和需求结构的研究 [J]. 经济学家，2011 (06)：72 – 80.

[106] 许冰，聂云霞．制造业高质量发展指标体系构建与评价研究 [J]．技术经济与管理研究，2021（09）：119-123.

[107] 许立帆．中国制造业服务化发展思考 [J]．经济问题，2014（12）：79-84.

[108] 阎世平，何晓玲．企业技术创新对中国制造业服务化的影响研究——新发展阶段推动企业高质量发展系列论文之一 [J]．南宁师范大学学报（哲学社会科学版），2021，42（03）：25-35.

[109] 杨玲．生产性服务进口贸易促进制造业服务化效应研究 [J]．数量经济技术经济研究，2015，32（05）：37-53.

[110] 杨玲，郭羽诞．生产性服务贸易出口技术结构对包容性增长的影响研究 [J]．世界经济研究，2014（02）：48-53，88.

[111] 杨玲，吴根宝．生产性服务贸易出口的结构模式与中国策略 [J]．改革，2012（09）：95-104.

[112] 杨仁发，刘纯彬．生产性服务业与制造业融合背景的产业升级 [J]．改革，2011（01）：40-46.

[113] 杨仁发，郑媛媛．环境规制、技术创新与制造业高质量发展 [J]．统计与信息论坛，2020，35（08）：73-81.

[114] 杨晓云，赵小红．生产性服务业进口技术复杂度与制造业企业创新 [J]．软科学，2022，36（07）：31-37.

[115] 姚战琪．对外开放对中国生产性服务业影响的实证研究 [J]．学习与探索，2015（06）：109-113.

[116] 姚战琪．发展生产性服务业与提升中国产业国际竞争力 [J]．学习与探索，2014（04）：93-99.

[117] 姚战琪．服务业对外开放对我国产业结构升级的影响 [J]．改革，2019（01）：54-63.

[118] 姚战琪．服务业开放对中国出口技术复杂度的影响研究 [J]．学术论坛，2019，42（01）：79-87.

[119] 姚战琪．生产性服务的中间品进口对中国制造业全球价值链分工地位的影响研究 [J]．学术探索，2019（03）：86-95.

[120] 姚战琪. 生产性服务中间品进口对我国制造业服务化的影响 [J]. 山西师大学报（社会科学版），2019，46（05）：34–39.

[121] 尹国君，刘建江. 中美服务贸易国际竞争力比较研究 [J]. 国际贸易问题，2012（7）：58–66.

[122] 俞晓晶. 德国生产性服务业发展模式及其影响因素研究 [J]. 上海经济，2017（2）：17–24.

[123] 袁志刚，饶璨. 全球化与中国生产服务业发展——基于全球投入产出模型的研究 [J]. 管理世界，2014（03）：10–30.

[124] 张军，吴桂英，张吉鹏. 中国省际物质资本存量估算：1952—2000 [J]. 经济研究，2004（10）：35–44.

[125] 张晴，于津平. 投入数字化与全球价值链高端攀升——来自中国制造业企业的微观证据 [J]. 经济评论，2020（06）：72–89.

[126] 张昕. GVC 视角下中国生产性服务贸易与制造业联动互促政策思考 [J]. 中国经贸导刊（中），2019（02）：9–11.

[127] 张昕. 生产性服务进口与制造业升级的双向联动机制——中国制造业发展的经验分析 [J]. 西部论坛，2021，31（05）：15–33.

[128] 张昕. 中德生产性服务贸易发展现状与国际竞争力比较研究 [J]. 价格月刊，2018（11）：45–54.

[129] 赵瑾. 全面认识全球价值链的十大特点及其政策含义 [J]. 国际贸易，2014（12）：20–28.

[130] 赵瑾. 全球服务贸易发展的基本格局与新特点 [J]. 国际贸易，2015（04）：45–58.

[131] 赵瑾. 如何把握服务贸易跨越式发展新机遇 [N]. 经济参考报，2016–09–19（008）.

[132] 赵瑾，等. 国际服务贸易理论前沿与政策变化 [M]. 北京：中国社会科学出版社，2018.10.

[133] 赵瑾，等. 国际服务贸易政策研究 [M]. 北京：中国社会科学出版社，2015.9：前言3–7.

[134] 赵林度，等. "全产业链脉动"：制造业服务化 [M]. 北京：科

学出版社，2021.9.

［135］郑休休，赵忠秀. 生产性服务中间投入对制造业出口的影响——基于全球价值链视角［J］. 国际贸易问题，2018（08）：52－65.

［136］中国社会科学院财经战略研究院课题组. 促进制造业与服务业高效融合［J］. 智慧中国，2022（01）：27－30.

［137］周蕾. 生产性服务贸易与全球价值链升级［M］. 杭州：浙江大学出版社，2013，5：7－15，18－26，29－41.

［138］Amiti M, Konings J. Trade Liberalization, Intermediate Inputs, and Productivity：Evidence from Indonesia［J］. The American economic review, 2007, 97（5）.

［139］Andrenelli A, Cadestin C, Backer K D, et al. Multinational Production and Trade in Services［J］. OECD Trade Policy Papers, 2018.

［140］Browning H, J. Singelman：The Emergence of a Service Society［M］. Springfield, 1975.

［141］C, Michael, Wernerheim, et al. Producer Services and the 'mixed－market' Problem：Some Empirical Evidence［J］. Area, 1999.

［142］Carlson S, Hartman H, Thompson E. Producer Services：An Engine for Job Growth［J］. Business in Nebraska, 2009, 64（694）.

［143］Caroline Giusti de Araújo, Diegues A C. Patterns of external insertion in global value chains：a comparative analysis between Brazil and China［J］. Brazilian Journal of Political Economy, 2022, 42.

［144］Carrillo F J, Simmie J, Strambach S. The contribution of KIBS to innovation in cities：and evolutionary and institutional perspective［J］. Journal of Knowledge Management, 2006, 10（5）：26－40.

［145］Chen C. The Research on the Interaction Development between the Producer Services and Manufacturing Industry［J］. International Business Research, 2009, 2（3）：708－712.

［146］Claudio Di Berardino & Gianni Onesti. Explaining deindustrialisation from a vertical perspective：industrial linkages, producer services, and international trade [J]. Economics of Innovation and New Technology, 2020.

[147] Coase R H. The Nature of the Firm [J]. Economica, 1937, 4.

[148] Corsi C, Prencipe A, María Jesús Rodríguez – Gulías, et al. Growth of KIBS and non – KIBS firms: evidences from university spin – offs [J]. Service Industries Journal, 2018 (2): 1 –22.

[149] Crozet M, Milet E. Should everybody be in services? The effect of servitization on manufacturing firm performance [J]. Journal of Economics & Management Strategy, 2017.

[150] Dachs B, Biege S, Borowiecki M, et al. The Servitization of European Manufacturing Industries [M]. University Library of Munich, Germany, 2012.

[151] David, Hummels, et al. The nature and growth of vertical specialization in world trade [J]. Journal of International Economics, 2001.

[152] Davies R B. Fragmentation of headquarter services and FDI [J]. North American Journal of Economics & Finance, 2003, 16 (1): 61 –79.

[153] Eggert A, Hogreve J, Ulaga W, et al. Industrial services, product innovations, and firm profitability: A multiple – group latent growth curve analysis [J]. Industrial Marketing Management, 2011, 40 (5): 661 –670.

[154] Fariborz, Moshirian. Trade in Financial Services [J]. World Economy, 1994.

[155] Feenstra R C. Integration Of Trade And Disintegration Of Production In The Global Economy [J]. Department of Economics.

[156] Fernandes A M, Paunov C. Foreign direct investment in services and manufacturing productivity: Evidence for Chile [J]. Journal of Development Economics, 2012, 97 (2): 0 –321.

[157] Francois J F. Trade in Producer Services and Returns due to Specialization under Monopolistic Competition [J]. Canadian Journal of Economics, 1990, 23 (1): 109 –124.

[158] Francois J, Manchin M, Tomberger P. Services Linkages and the

Value Added Content of Trade [J]. The World Economy, 2015, 38 (11): 1631 – 1649.

[159] Francois J F, Reinert K A. The Role of Services in the Structure of Production and Trade: Stylized Facts from a Cross – Country Analysis [J]. Cepr Discussion Papers, 1995, 2 (1).

[160] Gervais A. Estimating the Impact of Country – level Policy Restrictions on Services Trade [J]. Review of International Economics, 2018, 26 (4): 743 – 767.

[161] Greenfield, H I. Manpower and the Growth of Producer Services [M]. New York & London: Columbia University Press, 1966.

[162] Guerrieri, P. and Meliciani V. Technology and international competitiveness: The interdependence between manufacturing and producer services [J]. Structural Change and Economic Dynamics, 2005, 16 (4): 489 – 502.

[163] Hanson Gordon H. Localization Economies, Vertical Organization, and Trade [J]. American Economic Review, 1996, 86 (5): 1266 – 1278.

[164] Herrmann C, Schmidt C, Kurle D, et al. Sustainability in manufacturing and factories of the future [J]. International Journal of Precision Engineering and Manufacturing, 2014, 1 (4): 283 – 292.

[165] James A. Schmitz, Jr. What Determines Productivity? Lessons from the Dramatic Recovery of the U. S. and Canadian Iron Ore Industries Following Their Early 1980s Crisis [J]. Journal of Political Economy, 2005.

[166] Jones R W, Kierzkowski H. The Role Of Services In Production And International Trade: A Theoretical Framework [J]. RCER Working Papers, 1988, 165 (6): 1485 – 6.

[167] Joseph Francois, Julia Woerz. Producer Services, Manufacturing Linkages, and Trade [J]. Journal of Industry Competition & Trade, 2008, 8 (3 – 4): 199 – 229.

[168] Karahan Z, Ylgr M. Producer Services as a Driver of High Technology Manufacturing in Europe [J]. MIBES Transactions 2014 (8): 7 – 55.

[169] Kelle M, Kleinert J, Raff H, et al. Cross – border and Foreign Affiliate Sales of Services: Evidence from German Microdata [J]. The World Economy, 2013, 36 (11): 1373 – 1392.

[170] Keller Wolfgang. Trade and the Transmission of Technology [J]. Journal of Economic Growth, 2002, 7 (1): 5 – 24.

[171] Koopman R, Powers W, Wang Z, et al. Give Credit Where Credit Is Due: Tracing Value Added in Global Production Chains [J]. NBER Working Papers, 2010.

[172] Kumar Vishnu, et al. Service Producing Manufacturing Units and Their Impact on Sectoral GDP [J]. Economic and Political Weekly, 2007, 42 (37): 3776 – 3780.

[173] Kyvik, H. Trade N, Directorate A. Producer Services and Trade in Manufactured Goods [J]. Ecomod, 2008.

[174] Lall, Sanjaya. The Technological Structure and Performance of Developing Country Manufactured Exports, 1985 – 1998 [J]. Oxford Development Studies, 2000, 28 (3): 337 – 369.

[175] Liena Kano, Rajneesh Narula, and Irina Surdu. Global Value Chain Resilience: Understanding the Impact of Managerial Governance Adaptations [J]. California Management Review 2022, 64 (2): 24 – 45.

[176] Lightfoot H, Baines T, Smart P. The servitization of manufacturing: A systematic literature review of interdependent trends [J]. International Journal of Operations & Production Management, 2013, 33 (11/12): 1408 – 1434.

[177] Long N V, Riezman R G, Soubeyran A. Fragmentation and services [J]. North American Journal of Economics & Finance, 2005, 16 (1): 137 – 152.

[178] Loungani P, Mishra S, Papageorgiou C, Ke Wang. World Trade in Services: Evidence from a New Dataset [R]. IMF Working Paper, 2019.

[179] Madsen J B. Technology spillover through trade and TFP convergence: 135 years of evidence for the OECD countries [J]. Journal of International

Economics, 2007.

[180] Markusen J R. Trade in Producer Services and in Other Specialized Inputs [J]. American Economic Review, 1989, 79 (1): 85 –95.

[181] Markusen J R, Rutherford T F, Tarr D G. Trade and Direct Investment in Producer Services and the Domestic Market for Expertise [J]. Social Science Electronic Publishing.

[182] Mastrogiacomo L, Barravecchia F, Franceschini F. A worldwide survey on manufacturing servitization [J]. International Journal of Advanced Manufacturing Technology, 2019, 103 (9 –12): 3927 –3942.

[183] Montalbano P, Nenci S, Pietrobelli C. Opening and linking up: firms, GVCs, and productivity in Latin America [J]. Small Business Economics, 2017, 50 (4): 1 –19.

[184] Neely A. The servitization of manufacturing: an analysis of Global Trends [J]. European Operations Management Association, 2007.

[185] Neely A, Benedetinni O, Visnjic I. The Servitization of Manufacturing: Further Evidence [J]. The 18th European Operations Management Association Conference, 2011.

[186] Nords H K, Hodge J. Liberalization of Trade in Producer Services – The Impact on Developing Countries [J]. South African Journal of Economics, 2010, 69 (1): 93.

[187] Oliva R. and R. Kallenberg. Managing the transition from products to services [J]. International Journal of Service Industry Management, 2003, 14 (2): 160 –172.

[188] Pustišek, M.; Chen, M.; Kos, A. Decentralized Machine Autonomy for Manufacturing Servitization [J]. Sensors, 2022, 22 (1).

[189] Reddy K, Chundakkadan R, Sasidharan S. Firm Innovation and Global Value Chain Participation [J]. Small Business Economics, 2020.

[190] Reiskin E. D. , et al. Servicizing the Chemical Supply Chain [J]. Journal of Industrial Ecology, 1999, 3 (2 –3): 19 –31.

[191] Sampath P G, Vallejo B. Trade, Global Value Chains and Upgrading: What, When and How? [J]. The European Journal of Development Research, 2018, 30 (3): 481 – 504.

[192] Schmenner R W. Manufacturing, service, and their integration: some history and theory [J]. International Journal of Operations & Production Management, 2009, 29 (5): 431 – 443.

[193] Sjödin, David; Parida, Vinit; Visnjic, Ivanka. How Can Large Manufacturers Digitalize Their Business Models [J]. California Management Review, 2022, 64 (3): 49 – 77.

[194] Soo KT. International Trade and the Division of Labor [J]. Review of International Economics, 2018, 26 (2): 322 – 338.

[195] Staiger R W, Sykes A. The Economic Structure of International Trade – in – Services Agreements [J]. Social Science Electronic Publishing.

[196] Sturgeon T J. Does Manufacturing Still Matter? The Organizational Delinking of Production from Innovation [J]. Ucais Berkeley Roundtable on the International Economy Working Paper, 1997: 131.

[197] Timmer M P, Dietzenbacher E, Los B, et al. An Illustrated User Guide to the World Input – Output Database: the Case of Global Automotive Production [J]. Review of International Economics, 2015, 23 (3).

[198] Toru, Kikuchi. Interconnectivity of Communications Networks and International Trade [J]. Kokusai Keizai, 2003.

[199] Tschetter John. Producer Services Industries: Why Are They Growing so Rapidly? [J]. Monthly Labor Review, 1987, 110 (12): 31 – 40.

[200] Vandermerwe S, Rada J. Servitization of Business: Adding Value by Adding Services [J]. European Management Journal, 1988, 6 (4): 314 – 324.

[201] Visnjic I, Wiengarten F, Neely A. Only the Brave: Product Innovation, Service Business Model Innovation, and Their Impact on Performance [J]. Journal of Product Innovation Management, 2016, 33 (1): 36 – 52.

［202］ White A L, Mark Stoughton, Feng L. Servicizing: The Quiet Transition to Extended Product Responsibility ［R］. U. S. Environmental Protection Agency Office of Solid Waste, 1999.

［203］ Wolfmayr Y. Producer Services and Competitiveness of Manufacturing Exports ［J］. FIW Research Reports series, 2008.

［204］ Yomogida M. Communication Costs, Producer Services, and International Trade ［R］. Working Paper, 2004.

［205］ Yomogida M. Producer Services, Trade, and Wages ［R］. Working Paper, 2003.

后　　记

本书在我的博士毕业论文基础之上不断修缮完成，共分七章内容。本书得到了北京市教委社科一般项目（SM202111417009）、北京联合大学科研项目（SK80202006）的经费资助，以及北京联合大学商务学院国际经济与贸易专业的鼎力支持。

桃李不言、诲人不倦。首先特别感谢我尊敬的博士生导师——中国社会科学院财经战略研究院研究员赵瑾教授。赵老师严谨的治学态度，高尚的品格修养，深深影响着我、感染着我、打动着我。在我对研究方向、就业方向、人生规划困惑踌躇之时，赵老师总是耐心引导，带我走出困境。师恩浩荡，教泽流芳。在此谨向赵老师致以最诚挚的敬意和感谢！

此外，在博士就读的三年时间里，我亦得到了中国社会科学院财经战略研究院以及中国社会科学院研究生院老师和同学们的帮助。入职以来，得到了北京联合大学商务学院陈建斌教授、崔玮教授、梁瑞教授、郑春芳教授等各位领导和同事们的关照，在此一并表示诚挚的谢意！经济科学出版社责任编辑李雪老师对本书的顺利出版倾注了大量的心血，对此亦表示衷心的感谢！

最后，特别感谢恩师首都经济贸易大学刘宏教授指引我走向学术之路。感谢我亲爱的爸爸妈妈和最疼爱我的已故的姥姥。姥姥的乐观、豁达，父亲的敬业、正直，母亲的温柔、善良，深深影响着我。在外求学工作的这些年，陪伴家人的时间越来越少，但他们没有一句怨言，全力支持我、鼓励我，给予我无穷的力量。感谢爱人一直以来对我的包容、理解、支持与陪伴，感谢公公婆婆对我一直以来的关心和爱护。家人的爱总能赐予我力量，我也会承载着这些爱继续前行，永不言弃。感谢从小到大成长道路上家人、师长、同学、朋友们的支持与帮助，他们给予了我不断向前的动力，在此一并表示诚挚的感谢！

由于水平和时间有限，本书不足之处，还望学界老师、同行和读者们多多批评指教。

张 昕

2022 年 10 月于北京